# 一山南記

散・文

阿來

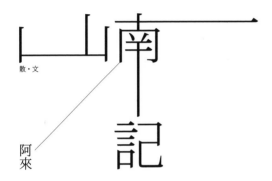

目次

# 故鄉春天記

# 岷江道上

春天了。

這些年的春天裡總想，而且總要回鄉。

如今城鄉疏隔，回鄉是需要理由的，高原的春天便是我回鄉的好理由之一。

高原的春天來得晚，在成都，所有春天繁花開過，眼看就是綠色深濃的夏天，家鄉那邊才傳來春天的消息。達古冰川的朋友今天打電話說，高山柳開花了；明天打電話說，落葉松和樺樹發芽了；又說，你教我們認得的苣葉報春和龍膽都開了。

達古冰川在黑水縣，在小時候從故鄉的小村莊時時仰望的那座大雪山的北邊。大雪山叫做阿吾塔毗，山的南邊是我家鄉馬爾康縣。那些日子，縣裡也打電話來說，我老家梭磨鄉的開犁禮要在木爾溪村舉行了。所有這些消息，都在誘惑著我。當下就把幾乎在車庫裡停了一冬天的車開到店裡保養，換了新輪胎。我要回去看家鄉的春天。

新輪胎黑黝黝的，新橡膠的味道也像是春天的味道。

取車的時候，站在已經開過了一樹紅花的刺桐樹濃重的陰涼下，我想，成都的春天剛剛過完，我又去過家鄉高原的春天。多麼幸福！一年過兩個春天！

這一天，是四月十五號。

四月十八號，終於可以出發了，先去黑水縣。

「名家看四川」系列活動之一，邀請作家中的大自然愛好者，去黑水縣境內新開發的風景區達古冰川，去走走看看，多少有幫忙發現與提煉景區豐富美感的意思。達古冰川不僅有壯美的雪山風光，更有從海拔兩千八百米到海拔五千多米冰川造就的地質景觀與植物群落的垂直分布。旅遊業勃興後，這樣的審美發掘工作，正是作家可以做些貢獻的地方。

我決定不隨團行動，不參加半途上的集體午餐。但我對工作人員建議：安排的飯食要有山裡的春天——剛開的核桃花、新鮮的蕨菜。而且，眼前馬上就浮現了那些石頭建築錯落的村寨，高大的核桃樹剛剛綻出新葉，像一團綠褐色雲霧，籠罩在村寨上面。淺淺的褐色，是樹葉的新芽。綠色是核桃樹正在開花：一條條肥厚的柔荑花序，從枝頭懸垂下來——那就是顏色淺綠的花。這個時節，村民們會把將導致核桃樹結出過多果實的花序一條條摘下，輕輕一捋，那一長條肥嫩的雄花與雌花都被捋掉了。焯了水拌好的，其實是那些密集的小花附生的莖。什麼味道？清新無比的潔淨山野的味道！而在那些不被人過分打擾的安靜村莊，蕨就生在核桃樹下，又嫩又肥的莖，從暖和肥沃的泥土裡伸展出來，一個晚上，或者一個白天，就長到一拃多高了。要趕緊採下來。不然，第二天它們就展開了莖尖的葉苞，漂亮的羽葉一展開，為了支撐那些葉子，莖立即就變得堅韌了。鄉野的原則就是簡單，取了這莖的多半段，擇去頂上的葉苞，或乾脆不擇，也是在滾水中淺淺焯過，一點鹽，一點蒜蓉，一點辣椒，什麼味道？蘇醒的大地的味道！

這樣一頓風味午餐後，他們還要去看色爾古藏寨。

這些好味道我都很熟悉。而那古老的村寨——我自己就出生於與之相似到相同的村莊，至今仍在細細觀察。我在一首叫做「群山，或者關於我自己的頌辭」的詩中寫過，這些村莊，都跟我出生的那個村莊一模一樣。我是說人、莊稼、房舍、牛欄、狗、水泉、歡喜、憂傷、老人和姑娘。

正因為這份稔熟，這些年，我從熟悉的鄉野找到了新的觀察對象：在青藏高原腹心或邊緣地帶走動時，會留心觀察一下野生植物，拍攝那些漂亮或不太漂亮的開花植物。這正是我要單獨行動的原因。

從成都去黑水縣城，將近三百公里，一路都沿岷江峽谷而上。其中一半行程，成都到汶川是高速公路。相當部分是在深長的隧道中穿行，無景可看。出汶川縣城，過茂縣，公路傍著的都是岷江主流。出茂縣，沿著岷江主流上行二十多公里，有一處地方叫飛虹橋。在這裡，河流分汊，過橋右行，是岷江主流，去松潘。左行，是岷江支流猛河，沿河而上，到黑水。這段時間，是山裡的融雪時節，所以江流有些混濁。水清時，比如秋天，站在飛虹橋上看在橋前滙聚的兩路江水，岷江主流清澈見底，左邊的猛河一樣清澈見底，卻水色深沉，因此猛河也被叫做黑水，連帶著分布在這條河上下兩岸的地方也叫做黑水了。這一帶，海拔已經上升到兩千多米，而且還是繼續漸次抬升。山高谷深，山勢陡峭。一路上，見有道路寬闊的地方，我就停下車來，爬上山坡去尋找開花植物。春天進到岷江峽谷已經有些時候了。公路兩邊人工栽植的洋槐正開著白色繁花。河谷台地上，那些石頭寨子組成的村落，桃樹已是叢叢翠綠。可是，河谷兩岸乾旱的山坡上的灌叢仍然一派枯黃。但我知道，這些枯瘦的灌叢裡一定有早開的花朵。這一路，走走停停，上到山坡，又下到路上，果然遇見了好幾種開花植物。

兩種藍色鳶尾。

一種葉片細窄，花朵也清瘦，長在土質瘠薄的乾旱山坡上，那些多刺的灌叢中間，名字叫做薄葉鳶尾。

再一種，葉片寬大肥厚，在有肥沃腐殖土聚集的地方，一開一片，花朵碩大，成片開放，風起時，那一朵朵花搖動於隨風起伏的綠葉之上，彷彿成群蝴蝶飛翔。它們正式的名字就叫鳶尾。以其美麗與廣布成為鳶尾屬植物的代表。

一種枝上開滿細小黃花的帶刺的灌叢，名字叫做堆花小檗。米粒大的小黃花一簇簇擁擠在一起，搶在綠色葉片展開前怒放。這植物的名字概括的正是其花開的繁密。小檗的根莖中可以提煉一種叫小檗城的物質，也就是平常所稱的黃連素。

還有耐旱耐瘠薄的帶刺灌叢沙生槐，也開出了密集的藍色花。

折騰得累了，我坐在山坡上，翻看相機裡的花朵，卻突然弄不明白，大自然為什麼要讓植物開出這麼多的花朵？這些花朵，和這神祕的不明白，也許就是我這一天的收穫。

是的，人們都在世界上力圖明白，但我寧願常常感受到自己很多的不明白。

拍完最後一組照片，坐在山坡上喝幾口水，一根根拔去扎在衣袖褲腿上的灌木刺時，已經是山谷中夕陽西下的時刻了。

再行車二十多公里，就是黑水了。

黑水縣城分成兩個部分。先到的老縣城。即便地處深山，這些年被城鎮化的潮流所波及，要到城鎮上來討生活的人越來越多，地處狹窄谷地的老縣城容不下這許多人了。五年前的汶川地震後，又在老縣城上方一公里多，建起了新縣城。新建了一些機關和商業網點，更多的是往城裡聚居而來的四鄉村民。這次住在新縣城。縣城是新的，酒店也是新的。四層樓房，居然有一座運行有點緩慢的電梯。

縣長和管理局長請大家吃飯。當地豬肉，這種豬半野放，肉香撲鼻，是名藏香豬。野菜多種。最受歡迎者有三。一種，土名刺龍包。其實是五加科楤木的肥實葉芽。蕨和核桃花已經說過。這些野味入口就是清新的山野氣息，加上所有人都會想到無污染綠色這樣的概念，就更覺得不能不大快朵頤了。只是酒不好，當地產燒酒，有點遺憾。但也理解主人，而今，禁止公款胡吃海喝，不但理解，而且贊同。

我對坐我右邊的縣長說：好喝，好喝！

又悄聲對坐我左邊的李栓科說，明晚我請你喝好酒！

栓科是我過去做雜誌時就認識的，跟我一樣，高興了酒量就好。他做《中國國家地理》雜誌前是地質學家，到有地質奇觀的地方來，自然沒有不興奮的道理。

# 達古冰川

十九號，坐景區的觀光車跟大家一起遊覽達古景區。車穿過峽谷，穿過峽谷中三個藏族村落。這三個寨落都叫達古。因地勢高低分別叫做上、中、下達古。車上有同行問我，達古在藏語裡是什麼意思？我有點說不上來。從詞根上說，達，是馬的意思；古，是深遠的意思。不是漢語中年代的深遠，而是指地理的深遠。但這兩個意思如何串聯起來？我不知道，當地人不知道，問過一些學者，也不太知道。去年的初春時節，我走訪過這三個村寨。中達古村長是個有文化的人。上過初中，因「文革」而輟學。我來訪問前，他已經把村子的歷史和達古雪山群中那座叫洛格斯的神山故事，寫成了兩頁漢文材料。要不是有位央視的紀錄片編導隨行，善於訪問，我都不知道該再問他什麼問題了。上達古村的老百姓，以前多居住在半山上，如今，當年斜掛在山坡上那些土地已經不再耕種，響應國家保護長江上游水源的政策退耕還林了。那些曾經的莊稼地，正在被荒草和灌叢重新掩沒。村子裡的人家相繼遷移到山下的公路邊，重新尋找新的營生，構建新的生活。

那天，村長給我們講上、中、下三個達古村的歷史。

講他們每年祭祀山神的意義與程式。

講森林中的動物和已經成為歷史的狩獵故事。

中達古村還有一座小佛寺，但沒有常住的僧人。只是在佛曆上一些重要的日子，那些半職業的僧人才回到廟裡，和村裡百姓做些法事。平常的日子，寺廟門上落著鎖，並不干擾百姓的生活。僧人們自己也在各自的俗家中幫助生產。我個人喜歡宗教的這種存在方式。

在上達古村前，猛河已變成了一道溪流。溪上一座帶頂的藏式木橋，廊柱上有紅軍橋的字樣。這裡確實是當年紅軍長征經過的地方。到達此地之前，紅軍已經翻越了寶興縣和小金縣之間的夾金山，又翻越了小金縣和我老家馬爾康縣之間的夢筆山，接下來，又經過我們馬塘村繼續跋涉，翻越亞克夏山進入黑水縣，這就是現在達古景區所在的地區。這裡，雪山更加密集地緊靠在一起。剛從亞克夏雪山下來，當年的紅軍馬上又遇見一座昌德雪山，下昌德雪山，就是上、中、下三個達古村所在的這個峽谷。當年的紅軍，那些並不確切知道自己該去哪裡的人，在此地盤桓一陣，補充些糧食，就從現在叫了紅軍橋的木橋上過了溪流，又順著蜿蜒的山道直上達古雪山。過了這座雪山，便是毛爾蓋，接下來就是寬闊的川西草原了。中央紅軍主力和四方面軍一部，在阿壩州境內一共翻越了五座雪山，其中三座都在黑水縣境內，而且，就圍繞在達古景區主峰的周邊。

這一天，我們要去的是這雪山群中兩座從未被人逾越的雪山——有冰川群的達古雪山主峰和洛格斯神山。

這已是我第三次來達古冰川。

前年，我來這裡時秋林在高原豔陽下五色斑斕。那是落葉松、紅樺、白樺、櫟、花楸、櫨、高山楊、槭這些樹木群落浩然盛大的色彩大交響。

去年，比此行早二十天，我來時，晚上一夜飛雪。早上風停雲開。驅車到達古村時，湖水映著碧藍天空，陽光下融雪時的滋潤氣息帶著松杉的芳香。保護站小屋中，爐子裡燒著旺火，壺裡茶滾燙。屋頂上的雪融化了，從窗前淅瀝而下，像斷了線卻落不盡的珠串。聽保護站的工作人員談林子裡金絲猴、羚牛的故事。茶喝到出汗，路上的雪化開了。半山上為遊客布置的木頭棧道上的雪也化開了，洇濕的厚木板上有漂亮的紋理。走上這條木板棧道，正對的洛格斯神山冰清玉潔、瑩光逼眼。在一些藏語文本的詩性表達裡，喜歡把巍峨純淨的雪山形容為一個戴著水晶冠冕的人或神。如果你在一個空氣清新、陽光明亮的上午，看見這樣直插幽深藍空的雪山，就知道，這樣的形容有多麼精妙，且帶著神聖之感。順著棧道一路向前，那並肩而立的三座晶瑩雪山就在峽谷盡頭越升越高，誘導你一直走到跟前，把平視變成仰望。在山下的達古村，村長告訴過我，這座雪山的神，是古代為了保衛村落與美麗山水，而獻出生命的三個達古青年勇士的靈魂所化。因此是三個達古村共同的保護神。

那天真的走到棧道盡頭，倒在鬆軟潔淨的雪中仰望雪山。山峰和藍空間漾起片片薄雲。那是山上起風了，把山體上的雪花飛揚到半空裡。薄雲很快又消散了。那是風停了，雪花又落回山上。四野寂靜無聲，某片杉樹林中，傳來一聲、兩聲鳥鳴。婉轉悠長的是畫眉。有些突兀的是粗嗓門的噪鶥。

可是，今次來，大家走上棧道時，洛格斯神山卻在自己扯起的一片雲霧後面隱匿不現。大家繼續朝前，希望突然會雲開霧散。但雲非但不開，天上還不時一小會兒一小會兒地灑下些雨點。山神今日休息，山神今天不與凡人相見。我閒著無事，便動手拍去年來時已經開放的報春花。順便把三千多米高度上的一些常見植物落葉松、野櫻桃、小檗、薔薇、伏地柏指認給大家。而李栓科則指著山谷、岩石和山峰給大家上地質課。就這樣，在古代冰川所創造出來的巨大的U形山谷中盤桓一陣，神山仍然沒有露臉的意思，大家只好到遊客中心午餐。

午餐算是一個冷餐會吧。藏式的手抓肉、包子和一些野生蔬菜。最好吃的一種，學名叫做紫花碎米薺。吃的是它們剛剛破土而出的嫩莖。要到七月間，它們才會開出團團漂亮的紫色花。飯後，一半天空陰著，一半天空中卻有陽光破雲而出。右手峽谷盡頭的洛格斯神山依然隱匿不現。而正面峽谷盡頭壁立而起的達古冰川上方的雪山主峰卻熠熠閃光，大家趕緊上山。

上山很容易。海拔三千多米的峽谷盡頭，有如煙新綠籠著的落葉松林前就是索道站。十多分鐘，纜車就將遊人運到海拔四千八百米的高度上。據稱這是世界上海拔高度最高的纜車索道。管理局的人說，該索道由奧地利一家公司設計建造，一共費了四年時間。也就是說，對遊客來說，這是目前世界上不需自己辛苦登攀而能到達的最大海拔高度。

我既是第三次上到這裡，便不急於和同行的人們馬上衝向外面的雪山。我為自己在雪山小屋中要了一杯咖啡，慢慢飲下。情景有些不可思議、有些奇異。人在寬大的觀景窗內落座，手捧一杯香噴噴的熱咖啡，窗外，海拔五千兩百多米的達古雪峰覆蓋著厚厚的雪被就橫臥在眼前，像一隻睡著了的巨大動物。山體上是深雪，雪下，才是冰川。這道冰川每年只有七、八兩個月積雪融化時才可以看見。但那冰川顯示的力量卻可以清晰看見。下沖的冰川在雪峰下幾百米處刨出一個巨大的深坑，夏天和初秋，那是一湖碧水。湖水的上方，勁風獵獵，被陽光照耀，亮得晃眼的雲團翻滾在天空，也翻湧在湖中。

喝完咖啡，走到室外的雪野中。瞭望台上，雪深盈尺。瞭望台外，雪深就在三、四米了。我發現，好幾位同行者因為缺氧、因為過分興奮有些喘不上氣來了。在這個高度上，群山變成波浪，在眼前奔湧。只有身邊幾座山峰超出我們所在的高度——最高峰海拔五千兩百米。在這裡，唯有搞地質出身的李栓科面不改色，為大家指點冰川在這雪山之巔造就的地貌傑作：相互錯落在雲幕下金字塔一般的錐形峰頂、鋒利峭薄的山脊——地理學名詞叫脊線、被冰川從對面山體上剝離又搬運到面前來的巨大的岩石——冰漂礫，而在我們腳底的深雪下，就是冰川挖掘出的巨大冰斗，夏天時，是一汪湖水，現在凍成了一塊堅硬的冰。

李栓科對景區管理局的唐華祥書記說，冰漂亮，雪漂亮，雪山漂亮，遊客一眼就已看見。但是，冰川造就的特殊地形，這樣近距離呈現在遊客眼前的地方，如果不是唯一，全世界也不多見，需要大聲告訴他們。李栓科還說，不要老說這座山像什麼動物、那座峰又像什麼動物，要說科學。眼前這些，都是活生生的地質樣本！

我贊同！

達古景區主訴的是兩個賣點：一個，雪山和冰川；一個，秋天的彩林。

而我一直說，森林的漂亮，秋天變紅變黃自然是一個高潮，但從初春起，不同植物，暈染在山野間的不同色調的新綠也足以讓人目眩神迷。只不過，中國遊客似乎已經習慣由導遊來指點——不經別人指點，就不能自己看見與發現，那麼，景區更有理由做這方面的挖掘。高原上春天來得晚，初春過後，直接就進入生命競放的夏天。十數種杜鵑，十數種報春，十數種龍膽，十數種馬先蒿，幾種綠絨蒿、金蓮花銀蓮花、金露梅銀露梅，那麼多的高原植物漸次開放，把整個高原的夏天開成一片幽深無盡的花海。這些也都是可以用某些方法指點給遊客的。都是可以讓他們喜歡與熱愛的。我總覺得，達古景區這樣的地方，可以成為中國人學習體味自然之美的一個課堂。地理之美，植物之美，共同構成自然之美。雖然時興的國學熱中，常有人說中國人如何具有源遠流長的天人合一觀、如何取法自然，但在實際情形中，卻是整個國家自然界大面積的萎退與毀敗，是中國人與大自然日甚一日的隔膜與疏遠。

達古景區如果多做這方面的工作，在中國所有自然景區中，肯定在觀念與方法上都走在了前面。

達古景區的自然之美真是無處不在啊！從海拔三千多米處，積雪剛剛融化，落葉松柔軟的枝條上就綻放出了簇簇嫩綠的針葉。而剛剛從冰凍中蘇醒的高山柳、報春已經忙著開花了。再往下，開花植物更多。路邊草地上，成片的小白花是野草莓，星星點點的藍花是某種龍膽，那是比藍天更漂亮的藍！到了達古村附近，湖邊野櫻桃開花了，有風輕搖樹梢時，薄雪般的花瓣便紛紛揚揚飄飛起來。再往下，路邊一叢叢黃花照眼，那是野生的棣棠。還有藤本的鐵線蓮，遇到灌叢和喬木就順勢向上攀爬，用這樣的方式，把一串串鮮明的花朵舉向高處。那些花朵也真正漂亮。四片純白的花瓣纖塵不染，花瓣中央，數量眾多的雄蕊舉著一點點明黃的花藥，雌蕊通身碧綠，大方地被雄蕊們簇擁在中央。我不知道，這是一種快意的聽天由命，任哪一陣風起，或哪一隻昆蟲飛來，把任一枝雄蕊上的花藥撒到那嬌嫩敏感的柱頭上，在陽光下昏眩一陣，便受精懷子；還是一切都要經由她不動聲色的精心選擇、拒絕、接納，或在拒絕與接納間猶豫再三，才終於將幾顆雄花的精子納入子房？

達古景區把旅遊的高潮訂在秋天，如果能打開遊人尋美的心思與眼睛，其實初春的山野，處處生命力勃發，已是美不勝收了。

當天晚上，我們吃藏餐，藏香豬和各種做法的犛牛肉自不必說，剛剛採摘來的山野菜更讓人食指大動。藏式桌子低，座椅也低，其實說是榻才合適，每榻可三個人並坐，有溫軟的褥子，有靠背，適合喝酒閒聊。我央人從車上取了自帶的好酒來請大家。先由李栓科、我和女作家葛水平三個愛酒人組成一個核心小組，率先一大杯接一大杯，以此帶動著全桌都喝起來，不久，就央人從樓下車上取第二瓶酒來。這時，大家的話就多起來，話而不足，有誰就帶頭唱起歌來。一個多小時後吧，又取了第三瓶酒來，並吸引得鄰桌的人也自己帶了酒來加入。不知道什麼時候又喝完了第三瓶酒，大家就盡興而歸了。

# 突如其來的地震

四月二十號。

這一天，說好九點早餐。大家自然要多睡一會兒。我捨不得，早早起來，走到外面去呼吸新鮮的空氣。真是好空氣！飽含著那麼多新萌發植物的新鮮氣息。黑水的新老縣城之間一公里多的地段上，還有幾戶農家，我就站在土豆地邊看一陣壟上的新苗，然後散步往老縣城去。經過地震後新建的中學，教室中早讀的書聲琅琅。

走到了老縣城街上，突然街邊鋪面的鐵門開始嘩嘩作響。

地震。我想。

然後，繼續散步。

一個小時後，回到酒店早餐。我發現地震正在成為一個比較嚴重的事件。餐桌上的人除了我都沒有動筷子，有人在往家裡打平安電話，有人在接問詢平安的電話。還有短信和微信。弄完這一切，打開電視，CCTV新聞頻道。蘆山地震。蘆山縣城在夾金山下。夾金山是一座積雪越來越少的雪山。我原來計畫，幾天後回程，從那裡到成都。為的也只是更大幅面地感受故鄉大山裡的春天。電視裡只說蘆山縣七．〇級地震。除此沒有更多消息。我開玩笑說，好吧，過幾天，我替你們到那裡看看。

九點半，大家又說一會兒地震，才上車離開。我駕車跑在采風團的中巴車前面。我們要一起過亞克夏山，在山的那一邊，是紅原大草原。他們有一個目標，去看一個分水嶺。分水嶺下發源了一條河，那是往東南方流去縱貫了我家鄉馬爾康縣的梭磨河。分水嶺另一面，沼澤中發育了另一條河，藏語叫嘎曲，意思是白河。白河西北流向，在川甘邊境匯入黃河。梭磨河流入大渡河，大渡河匯入長江，所以，這道分水嶺也可視作是長江水系和黃河水系的分水嶺。作家朋友們要去那海拔四千米的嶺上看寬廣的雪野、看河的源頭。

我和他們約好中午一起在刷經寺鎮上午餐。他們去看雪，我要在沿途峽谷找尋早到的春天。車行不久，我就在一座叫沙石多的藏寨前停下來，拍寨子前開了繁花的野櫻桃。剛支好三腳架，寨子裡有人出來和我說話。他們見我穿得像遊客，卻不是遊客。笑說，原來你就是山那邊馬塘村的人啊！解放前，我們馬塘村是驛道上有一條小街道的大市集。後來，有公路了，這個市集便消失了，我們的爺爺輩還經商開店趕馬幫，父親輩便變成種青稞和土豆為生的農民了。我拍完那幾樹櫻桃花，坐在柵欄前開滿野草莓白色花的草地上，和他們一起抽了一支菸。我們一起看著對面高大幽深的山，他們說，都是聽爺爺輩的人說過他們翻山去馬塘街上賣麝香、買快槍的故事，如今，村裡爺爺輩的人都沒有了。我說，我還聽爺爺輩的人說，你們這些黑水人拿著快槍，曾經把我們馬塘包圍過好多天，一把火，就把街上的店舖、騾馬店燒燬了一多半。他們笑說，那一次，可能我們寨子沒有參加。

告別他們，我繼續上山。開車時，又想起一個故事。二十世紀五〇年代初，解放軍來了。山裡的人們被告知，這是當年的紅軍回來了，而且，這一回，來了就不走了。解放軍一支部隊翻越亞克夏山進軍黑水，發現在山頂附近，十幾具屍骨整整齊齊躺在淺草地上。乾乾淨淨的屍骨邊，一些金屬遺留物，說明他們是當年的紅軍。人數恰好是一個戰鬥班。在這缺氧的高山上，坐下休息後，就沒有一個人再站起來。山那邊有一個解放後才興起的鎮子，叫刷經寺。鎮子邊有一個烈士陵園。小時候，老師領著我們這些紅領巾去參觀過那個墓園。墓園中，就有睡在亞克夏山頂沒有再起來的那個紅軍班。

去年，這座山半腰新開的隧道通車了。原來上去下來要兩個小時的盤山道，現在只用不到十分鐘就穿過去了。

這個隧道讓我又想到地震。

五年前的汶川地震，黑水也是受災縣，由吉林省對口進行災後重建。這回所住的新縣城，就是災後重建的大項目。這個隧道也是。某一次，我還從電視新聞裡看到這個隧道的剪綵儀式上，有一個熟悉的面孔。那是吉林省某廳的副廳長，我們在北京一起學習過。看到他出現在亞克夏山上，使我感到他比在北京一起喝酒時更親切。我發了短信去問，是不是他。他馬上打了電話回來，說，就是我！

五年前的地震發生時，達古冰川景區建設剛剛完成，登高的纜車建好了，遊客盤桓山中看奇花異草和冰川地貌的棧道建好了，進山的公路建好了，甚至一座五星級酒店也建好了。馬上就要開門迎客了，凶惡的地震來了。那一次，死亡載道，沿岷江峽谷的公路盡毀，交通阻絕。達古冰川景區無從開放。直到災區重傷初癒，政府宣布重建提前完成，才得以重新開放。

我從前年開始，到今次，一共三回到這個景區，去發現地理與植物之美，並把這些美告訴世人，多少也有點幫助災後恢復的意思在裡面。

這時，電話來了，記者的電話。問我蘆山地震了，準備做點什麼？

我沒怎麼在意，說不知道。

如是，幾十公里的下山道上，就接了好幾個電話。

地震這個問題，在別人的提醒下，似乎越發嚴重起來。

我在電話中問記者，那邊地震真的很嚴重嗎？是很嚴重。什麼程度？說具體情況不清楚，但房倒屋塌、傷亡慘重。

我也無心再在原野中踵跡春天了，趕緊到刷經寺鎮上，那裡有電視。十一點鐘，我進了鎮上一家飯館，電視機前已經坐著好幾個人了。有過汶川地震的經驗，看電視上的畫面，房屋倒塌的程度，公路毀損的程度，我鬆了一口氣，大地之神不能總是那麼殘酷。自然，對受難者，這也足夠殘酷，但相對五年前的慘烈的天翻地覆，死亡枕藉，總是輕了許多。但是，時時刷新的傷亡數字，還是叫人心疼難過。去年，我帶著一本前輩學者任乃強先生於一九四二年寫成的《天蘆寶笴記》在那一帶地方行走過。那本書寫的正是這次重災的三個縣天全、蘆山和寶興。

這麼美好的春天，地震又來了。

我看電視的時候，一個記者的電話又進來了。他說，發了若干條短信為什麼不回？我說我沒有收到短信。他不信，他以為我不願接受他的採訪。我沒有告訴他我收不到短信的原因。亞克夏山這一邊，包括我身處的刷經寺鎮，屬於紅原縣，這裡，手機短信功能不能使用。這位記者有點生氣，他乾脆問我，什麼時候去災區？我說，我在老災區，暫時沒有想去不去新災區這個問題。他說，那麼你做為四川省作家協會的主席，準備組織四川作家為災區做點什麼？我說，我無權調度四川作家，你找作協的書記吧。記者簡直要生氣了，你不是作協主席嗎？這個問題也類似於短信問題，有一個答案，但我不便回答。我說，如果你一定要知道答案，作家協會不是保密單位，你是記者，你就到我工作的單位做個調查。我沒有說我在距新災區六、七百公里外的高原上，這位記者的口吻，好像一個四川作家，應該隨時收拾好了裝備和心情，只等地震爆發，就立馬奔赴災區。如果真是這樣，那我心理也太不健康了。採訪沒有期望的結果，記者不高興，我也不高興。不是不高興，簡直是心情惡劣。

這時，開飯館的老闆過來打招呼，問我是不是馬塘村的某某，我說是。他說，我是鄰村的某某家的啊！某某家的長輩我認識，但這個比我年輕的人我不認識。他說，你弟弟我們就很認識啊！

看過分水嶺的同行們到了。我們就在這個飯館裡午餐。老闆說，店裡的特色菜就是當地的各種蘑菇，只不過，都是去年初秋備下的乾貨。乾蘑菇配上豬肉牛肉燒了，也是很下飯的東西。飯後，采風團回成都。我站在飯館前向車上的他們招手道別。

上車前，團裡一位年已七十多歲的台灣作家對我說，不想馬上回台灣，想去蘆山地震災區，不曉得你們作家協會能不能提供點方便。我的心情又沉重起來。我說，如果我在成都，我願意開著自己的車送你去。但作家協會……你還是回成都到作協問問吧。

老作家沒有再說什麼，我想她肯定認為我在推託。

但我又懶得再做解釋，只是說抱歉。心裡卻想，是不是全中國都必須跑到災區去呢？

同行們走了，我從超市往車上塞了些過日子的東西。沿著梭磨河下行十多公里，就到老家馬塘村了。

母親不在，在城裡妹妹家。父親在家。弟弟和弟媳在家。

四周又安靜下來。在家裡的寨樓中，我和弟弟說話。說在若爾蓋縣城幫著我另一個妹妹打理一家小賓館的侄兒，說剛考到另一個縣做了護士的侄女，說地裡今年準備種什麼莊稼。父親老了，不理家事了，只是靜靜坐在我對面，微笑著聽我們說話。我想，這就叫生活安好吧！不一會兒，弟媳從廚房裡端了一碗手擀的麵片湯來，麵片之外，湯裡有酸菜和小塊的臘肉。我說剛在刷經寺吃過了，還是把那碗麵片湯吃了個一乾二淨。現在，家裡生活好些了，常常做些小飯館裡一樣的飯食，但他們都知道，我一回家，首選就是這口酸菜麵片湯。

吃過了，到屋外的地頭上走走，解凍不久的土地在腳下是那樣鬆軟，在陽光的暖意中散發出無以名狀的氣息。那是蘇醒的土地的氣息。這也是春天。

我看看山坡，父親明白我在看什麼，他說，你喜歡的那些花開放還要些日子呢。那我就不用上山去了。

父親又說，今天早上有人從鄉上來，說你明天要去參加開犁儀式呢。鄉裡距我們村有二十多公里遠。

父親和弟弟送我離開。父子三個從家中的地裡穿過去，我想起三十多年前，和父親一起在地裡耕作的情形。那時，父親比我現在還年輕，我還只是一個懵懂少年。這麼想著，過了橋，到公路邊上，我發動車子，父親在窗外搖手，我離開。從後視鏡裡看越來越小的兩個人影。汽車轉一個彎，鏡中的景物切換成了泛出隱約綠色的山野。

又五十多公里，梭磨河的深峽裡，綠色越來越鮮明，開枝展葉的綠樹越來越多、越來越漂亮。我停下車來，拍開黃花的高山黃華。再停下車來，那是一樹樹盛開的粉紅色的杜鵑了。

書。

我把讓人難過的地震忘記了。

進縣城，還有我過去在此工作時留下的四十多平米的老房子。裡面有幾架沒搬走的書。我回去了一趟，從書架上找了兩本帶到酒店。其中一本，就是任乃強先生的《天蘆寶笳記》。這本是我自己買的。成都那一本，是任先生的兒子送的。晚餐時和縣裡父母官見過，聽他們說些旅遊規劃方面的事情，我當然說，家鄉事，有能出力之處，任憑驅使。

然後，又看一陣電視中的地震，便在燈下讀寫如今地震了的那三縣的舊文字。說那裡的地理有一篇叫〈蘆靈道中〉：

「自蘆山出北門，十里仁嘉場，悉河源坦道，稻田芊芊，村落相銜，為縣境富庶之區。」

「仁嘉場至天全屬之雙河場十五里，皆峽道，峽分兩部，東段長七八里，勢較緩，稱為峽口，屬蘆山縣。西段長七八里，為礫岩層之深邃裂隙，劈地三十餘丈，以泄雙河場之水。兩壁相距，自踵至頂，俱僅二三丈，一線天光，非亭午不能達地，行人緣壁，如入洞府。瞿塘、巫山未足喻也。土人不呼為峽，曰大岩腔。」

「沿河多水臼製香人戶。」

說到了地震區中心的靈關鎮：

「揚雄《蜀紀》，謂蜀王杜宇，以褒斜為前門，靈關為後戶，靈關之名始著於此。」「蓋此地外控羌氐，內屏邛雅。四周則山道險隘，河谷則田疇腴美，誠邊疆屯戍要地也。」「唐武德初，始置靈關縣。」「有市民四百餘戶。」

「自靈關北行，過舒家岩為中壩，更逾一狹岸為上壩。上壩盡處曰小關子，往時設卡稽查漢番出入處也，自此入長二十里之前山路，無人戶。往時沿江岸為路，多設偏橋棧道，人畜多失路墜水，夏漲時每每阻絕。」「民國十八年，靈關上壩善士苟樹堂，倡議改修為山道，遂成此路，當時稱為馬路，實則肩輿亦難通行，唯背夫極感其便。其間經費之什九，由苟氏一人擔任，亦可稱也。」

說到了寶興縣：

「寶興縣民國十七年就故穆坪土司地改流置，縣境包磽磧、隴東兩河谷。」「縣治在兩河合流處稍南。舊土署所在也。舊有市街，有江西、湖廣、陝西商店，市況與靈關相當。民國二十五年被毀，現存兩百餘戶，市房尚未修復。土司時曾建城垣，倚山面河。」

「（城外）有定西碑，亦為平定金川後紀念定西將軍阿桂立，有紅軍改鐫革命口號。官軍收復寶興後，以其古物未忍仆毀，以石灰塗之。」「碑陰為藏文，未毀。」

「縣境古為氐羌住地，唐時氐人同化於吐蕃，宋代有董卜韓胡等七姓首領分王其地……金川之役，穆坪為進軍五大幹道之一，隨軍商賈雲集，始建街市。其後漢人移居者漸多，土著亦多漢化，現唯磽磧一區，土人保持番俗。」

金川之役，是十八世紀中葉的乾隆年間，那時寶興縣全境還屬於穆坪土司領地，是純粹的藏文化區域。後來，漢族移民漸多，當地人生活也日益漢化，藏族土司也改了漢姓，到任先生去的二十世紀中葉，就只有磽磧一角還保持著嘉絨藏人的風習了。

兩年前的春天，我去寶興，並在磽磧鎮上小住兩天。就是想感受文化變遷。

我常說，自己是一個肉體與文化雙重的混血兒、一個雜種。但至少因為身上占了一半的嘉絨藏人的血緣，更因為在嘉絨文化區內出生成長，所以，我認為自己是個嘉絨人。我在這些地方走動，也是因為寶興縣，過去是嘉絨十八土司之一穆坪土司的領地。近兩、三百年中，嘉絨地區的藏區受到異質文化衝擊最多，也是改變最多的地區。寶興縣，嘉絨文化的意味，已經非常依稀了。所以，我想看任先生寫下那些記錄文字七十年後，寶興全縣，嘉絨文化意味最濃重的磽磧又是怎樣的狀況。我去時的磽磧已經不是過去的磽磧了。原來的磽磧小鎮被新修的水電站淹沒了。新磽磧鎮遷到半山上的更高處。新鎮子是按一個旅遊小鎮打造的。我住宿的這個家庭旅館的主人，失去老房子同時也失去了河谷中的耕地，便開了這個家庭旅館做為新的生計。主人做好了飯，叫我下樓，我取了自帶的酒，和男女主人共飲。我用自己也日漸生疏的嘉絨話和他們聊天。男主人不懂。女主人能聽懂，也不會說了。這是漢藏交界地帶常見的景況。那天，我們聊他們以前的生活，被水電站淹沒的村莊和莊稼。飯後，我在這新造的山間小鎮散步，看四處設置了一些藏族文化符號化的東西。我知道，這是政府出於旅遊方面的考量，但這些符號下所包含的內容和意義，與當地人的生活卻很少干係了。

那一回，是晚春。磽磧四周山林裡的杜鵑花已經開過了。我對這家主人說，我要來看一回這裡的杜鵑開放。其實，哪裡是只看杜鵑樹開花，還是想體味這種新興的旅遊小鎮顯現了什麼樣的發展可能，以及是否會產生一種新的文化走向。本來打算，這一次，我就從馬爾康翻夢筆山到小金，再翻夾金山到磽磧，在原來那個家庭旅館住上一天、兩天。地震一來，這個計畫又要推遲了。

又開了電視，想起雅安的一個作家朋友趙良冶，給他打電話，通了，沒接。趙良冶回電話時，我出去散步，沒有聽見。路上，遇見一個朋友，也說地震。我說電視上說，寶興縣還進不去。他說，那是從成都。阿壩的武警和消防隊已經到達災區了。從馬爾康到寶興縣，先翻夢筆山到小金縣，再翻夾金山，下去就是寶興。路程不到四百公里。五年前汶川地震，沿岷江到汶川的公路長時間不通，很多到汶川的救援隊伍與物資，就是從成都到雅安，經蘆山、寶興、小金、馬爾康，行程八百多公里，才到汶川。本來，成都到汶川只有一百五十公里。地震時，我也經那條路去汶川，沿途都是新豎立的指路牌，牌子上墨跡未乾的字，都是汶川。不要說在山下，在夾金山三千多米的山口上，也有人供應免費的飯食。公家派出的人供應盒飯。當地百姓從山下背上來新蒸的包子和煮雞蛋。我對那位熟人說，本來想回去時再走這條路的，看來不行了。他說，真要去可以幫助安排，但你去幹什麼？他開玩笑說，別把自己變成看稀奇的人了。這位朋友是州裡領導。汶川地震時，徒步在震中走過許多地方，組織當地百姓自救，努力向外傳遞消息，那真是出生入死。震後十多天，他從映秀來成都，我為捐建學校的事，和他見面。見面時，他就流淚，說，我們幾十年的建設成果，全部毀於一旦！

那一刻，我決定不去災區了，至少救災最緊要的時候不去。

回去，見趙良治來了兩個電話。

再打回去，問他好不好，好。問熊貓好不好，好。

問他熊貓，是因為，他有一部作品，寫熊貓的發現與保護的歷程。還是我作的序。這回地震的寶興縣，就是大熊貓的發現地。那是一八六七年。寶興縣一個叫鄧生溝的地方，有一個法國人建的天主教堂。當時的神父讓・皮埃爾・阿曼德・大衛可以算得是一個業餘生物學家，傳教之餘，在當地進行廣泛的生物資源考察，最大的發現，就是熊貓。我說，過了這一陣，去雅安看你和熊貓吧。

寶興還有一種漂亮的野生植物寶興百合。據說歐洲現在最漂亮名貴的百合花，就是由寶興百合（另一說，是汶川一帶岷江河谷中的岷江百合）培育而成。我幾次上下夾金山，都未遇見過百合開花。因此還給趙良治一個任務，叫他百合開花時通知我。去年通知了，人在國外，沒有去成。這回，他在電話裡說，今年還要來看百合花嗎？

我說，花開時一定告訴我。

這時，電視裡已經在勸告志願者不要急著湧向災區了。

我發了一條微博，是夾金山下美麗的寶興百合。我說，等災後大家多去那裡吧，旅遊也是對這些地方的支援。我喜歡汶川地震後的一條宣傳語：四川依然美麗！四川的山水，其實就是雄偉的地質運動所造就的。

臨睡前，我想地震讓這一天變得好長啊！

# 古老的開犁禮

四月二十一號。

走二十多公里的回頭路，沿梭磨河峽谷上行，到我老家的梭磨鄉。

這二十多公里，正是梭磨河峽谷最漂亮的地段之一。深切的河道，陡峭多姿的山壁。更為難得的是，即便是懸崖上，也密生著松、杉、楸、樺和杜鵑。那些樹從懸崖上斜欹向河上的虛空裡，有種種奇異的姿態。如果山坡稍緩一點，就站滿了紅樺、白樺、櫟樹和高山楊。林下，是搖盪不停的箭竹海。這個季節，松杉一味深綠著，櫟樹林也深綠著。高山楊和白樺蔓生開一片片色調不同的新綠，而紅樺林還挺拔著樹身沉默著。我一早就出發了，一個人去看這峽谷風光。太陽從山脊後升起來，這一片林子和那一片林子之間，這一面山崖和那一面山崖之間，就有陽光傾瀉下來，峽谷中的色彩因此有了更多變化，峽谷中的空間，因此有了更多的深淺遠近。在這一片片光瀑中行走，河上清新氣息四處彌漫。

一個朋友曾在我家鄉任過縣長，他告訴過我，當初有開發商而不是遊客發現了這段峽谷。開發商看上的是水電資源，而不是壯美風景，想要在峽中建水電站。最後，那一屆縣政府決定要保護這段峽谷風光，而拒絕了開發。我得說，他們功德無量。我願意在故鄉有一條自然的河流，未被人工建築一次次攔腰截斷。美，自然之美，是今天我們生活中越來越稀缺而珍貴的資源。

我不希望，再過十年、二十年，我拿出今天拍下的照片時，需要告訴人們，這樣的美已經不復存在了。

我這樣想，說明我仍然心存危殆之感。

早上九點鐘，我趕到舉行開犁儀式的木爾溪村。這個村，就在鄉政府對岸的台地上。橋頭上幾株老山荊子樹，等到莊稼出苗的時節，會開出滿樹潔白繁花。現在，這些樹主幹黝黑，盤虬的老枝蒼勁有力。樹後是幾家寨子。寨子前是要舉行開犁儀式的莊稼地。地的盡頭是山坡，坡上是茂密的樹林。樹林後的藍空中白雲舒卷。

早幾天，縣裡和我聯繫時就說，二十一號一定要到，我們是看了日子的。

我問，找喇嘛打卦了？

說，氣象局看的天氣！我們要一個晴天！

果然是天朗氣清。

走到地頭，村子裡的人已經聚集起來，攝影機的鏡頭對著兩個老人。兩個老人彎腰都很吃力了，一個用柳枝在地上畫出線條，一個人沿著線條撒下麥麵。於是，隱約的線條顯現為鮮明的圖案。第一個圖案出現了，是一個法輪。第二個圖案又是一個圓圈，像是法輪，又不是法輪。法輪中的輻線是直的，這個圓中的輻線是波狀的。所有人都在問，這是什麼？老者之一直起身來，對我說：格央。我把這個詞翻譯成漢語：太陽。他們又畫一個圓，裡面卻沒有那麼多的輻條。只是縫中一條彎曲的橫線。老者又直起腰來，對我說：澤那。我又把這個嘉絨語詞翻成漢語：月亮。

兩個老者，又在並列的日月圖案間畫了一個供瓶。那自然是獻給日月的供養。

然後，一個老者把一枝枝針葉青翠的杉樹枝堆在那個法輪圖案之上。另一個老者拉著我的手說話。說，你是馬塘村誰誰的兒子吧？我說是。他說，你爸爸我們年輕時在一起的啊！今天是個高興的日子啊！我說，是啊，春天來了！他說，啊呀，春天說來就來了。電視記者來採訪他，老者緊抓著我，說你就當我的翻譯吧。老者用古老頌詞裡那些雅致的修辭比喻春天、用虔敬的語言感謝日月和大地，記者嫌這樣的話太迂迴曲折，啟發他要說更直白的話。老者對我說，我腰疼，背著手走開了。

然後，象徵性地往地裡拋撒青稞種籽。

然後，兩架犁到了地裡。每一架犁由兩頭並駕的牛牽引，兩頭牛前，還有一個牽牛的人。少年時，我就做過那牽牛人。忽緊忽鬆地把兩條牛的穿鼻繩攥在手上，就是為了讓這兩頭牛並了肩筆直行走。現在，牽牛人卻是兩個健壯的姑娘。掌犁的是村裡的壯年男人，嘴裡的耕地歌唱起來，牛前行，牽動了犁，犁上鋒利的鐵鏵揳進土地，黑黑的泥土從犁頭兩邊翻捲開來，蘇醒的泥土的氣息也在空氣中彌漫開來。也許是地頭上太多攝影機和照相機的緣故吧，聚集在地頭的村民也沒有記憶中那樣自然的莊重，臉上的表情也像是看客。兩架犁依然在深翻土地，往東犁過來，對著地頭的村寨，掉頭往西，對著山巒。來來去去，不久就翻耕出好大一塊黑土地了。我放了相機，從後面那一架接過犁，想試試還能不能像三十多年前一樣穩扶犁把。地有些堅硬，但鐵鏵的尖還是破開了泥土，往下深入了。只是我忘了那又像吆喝又像歌唱的耕地歌了。不是忘了，是顧了下犁，就忘了歌唱了。讓了位置給我的犁手就在我身後唱起來，前面的兩頭牛和牽牛的姑娘就往前走了。黑土就在我腳前翻捲起來。新鮮的黑土的味道、那些黑土中被鏵頭斬斷的植物根莖的味道，立時就充滿了我的鼻腔。兩三趟下來，那些味道就已經充滿我的身體了。那是三十多年前，一個十三歲少年最熟悉的春天氣息。

可我已經不是那個少年了，兩三趟下來，背上就浸出了汗水，手心也被犁把磨得生疼。我把犁頭還給了犁手。本來，我還想溫習一下已經生疏的耕地歌的。

這麼想著的時候，象徵性的開犁也結束了。

已是中午時分了，村人分男女兩排坐在地頭，午飯，象徵性的午飯，感謝大地和日月之神的午飯。這時，每一個席地而坐的人表情都變得莊重了。每人面前擺上了一塊麵餅，餅上一塊肉，然後，每人面前又上了一碗加了肉的酸菜湯。人們淺嘗輒止，喇嘛開始祝禱。堆在法輪圖案上的杉樹枝被點燃了。青煙騰地而起，芬芳的煙霧帶著人們感恩的心情直達上天！這些鄉親，除了感恩的心情，並不會對上天有更多的祈求。此時，我離開，我知道接下來是歡歌、是舞蹈。

我已經看到家鄉的鄉親們如何迎接春天的君臨了。是啊，故鄉美麗的春天到了。

我開車向下游而去，去看另一片鄉野。

沿河而下，梭磨河不斷納入一條又一條溪流，越發壯大。平靜處，越發深沉；激越處，越發洶湧。越往下游，海拔越低，春意就越深濃。是的，梭磨河峽谷裡的春天是從低到高漸次來到的啊！

沿河下行五、六十公里後，我已經在春天深處了。一路上，一叢叢橙黃瑞香盛開，一片片藍色的鳶尾花盛開。那些藍色的彷彿在風中要成群起飛的鳥群一樣的鳶尾，開在一座座村寨四周，開滿了進入村莊道路的兩邊。那些河邊的台地寬闊肥沃，加上氣候溫暖，很久遠的時代，就有人類居住。這一帶的河谷裡，發現過一萬多年前的人類化石，也發掘出過五千年前的整座村莊。那時，距吐蕃帝國向東擴張，征服這些農耕河谷，最終把這些廣闊幽深之地納入藏文化圈還有整整四千年！

一座巨大的水電站，已經在梭磨河匯入大渡河的河口處的花崗岩峽谷中開始籌建。要不了多少年，深峽上將有鋼筋水泥大壩截斷河流，巍然聳立。那時，水位提高，河水倒灌，河流經過好多萬年的深切，在山間造出的那些肥沃台地將被淹沒。那些存在了上千年的古老村莊也將沉入水下，村民將要遷徙。

傍晚時分了，我坐在一段高高的河岸上，看峽谷中即將消失的村莊與田地與果園。一朵雲飄過來，一團陰涼便籠罩了一片地面。地面上是一片樹林、一個村寨、一片新出苗的莊稼，或者一個果園。核桃樹的果園，蘋果樹的果園……然後，雲飄走了，陰涼中的一切又被陽光照亮。這是一種古老的文明，不斷閃現出她某一個美麗的局部，讓我去想像她的整體，讓我試圖把握她的來路與去路。我是這個農耕文明哺育的一個生命。我為她那自然純正的美而深感自豪。同時，在這個任何美都變得脆弱的時代，我已經看到時代的潮水上漲上漲，但這些美麗的存在，都是一副聽天由命的模樣，沒有驚叫，沒有憤怒，甚至沒有哀嘆。

我想起，在上午的開犁儀式上，那個老者對我說，我知道，這樣的方式要消失了。他們說，不過，我們老了，不用再看了，但你是會看到的呀！

峽谷裡起風了。下午的太陽降低了熱力，河面上的涼氣就升起來。這就是風了。我的四周，一叢叢野薔薇和沙生槐沙沙作響，更遠的地方，是那些樹幹虯曲的楊樹和柳樹葉片翻飛，旋動著如水的綠光。再背後是沉靜的大山，斜陽的光幕下，森林更顯得幽深遙遠。

我要離開了。

再次回首，我得說，這是多麼美麗的春到人間的動人景象。

但是，時代在以我們並不清楚的方式加快它的步伐，總有一個聲音在催促，快，快！卻又不告訴我們哪裡是終點，是一個什麼樣的終點。這個時代，水泥在生長、在高歌猛進，自然在退縮，自然之美在退縮。退縮時不但不敢抗議、不敢詰問，而且是帶著深深的愧疚之感。

再次回望這即將消逝的田園風光，我想，這一輩子我都將以且喜且憂的、將信將疑的、越來越複雜的心情來探望故鄉的春天。

# 嘉絨記

# 大金川上看梨花

——嘉絨記之一

去看梨花。

去大金川上看梨花。

路遠，四百公里。午飯後一算，出成都西北行已兩百多公里。海拔不斷升高，春花爛漫的成都平原已在身後，面前的雪山不斷升起，先是看到隱約的頂尖，不多久，雪山就聳立在面前了。這哪裡是去看梨花，而是把春天留在身後，去重新體味正在逝去的冬天。

那條盤旋而上翻越雪山的公路已經廢棄十多年了。我們從隧道裡穿山而過，這麼四、五公里的路途，就已離開了岷江水系，進入了大渡河上游支流的梭磨河。道路轉向，折向東南，沿河下行。眼前是海拔三千米的峽谷景色。河岸兩邊是陡峭的峽壁。向陽的峽壁是草坡、是密閉的櫟樹林。背陰的峽壁上滿坡的杉樹、松樹與樺樹。陽光是一個美術大師，利用峽谷的岩壁、森林、河流和縱橫交織的山棱線，勾勒出明亮與陰影的複雜分界，把一面面山壁和整條峽谷都變成了一幅取景深遠的風景畫。也許是怕這樣的畫面會過於單調，風與雲彩都會來幫忙。風搖晃那些樹，其實就是搖晃那些光，使之動盪，使之流淌。一朵兩朵的雲飄來，遮住一些光，失去光照的部分便顯得沉鬱，未被遮沒的部分便在陽光照耀下更加高亢、更加明亮。視覺可以轉換為聽覺。真的似乎可以在這光影搖盪間聽到聲音。陰影部分是一支木管樂隊，低迴，沉鬱，卻也充滿細節。春天了，林下的苔蘚已一片潮潤，正在返青，樹木正展開根鬚，從解凍的土地中拚命吮吸水分，向上輸送，到每一個細枝末節。森林雖未呈現綠色，卻也能讓人感到一派生機。而那些被陽光透耀的部分，簡直就是高亢明亮的銅管樂隊在盡情歌唱。我耳邊響起一些熟悉的旋律，比如柴可夫斯基《義大利隨想曲》開始部分小號那召喚性的歌唱。

就這樣沉湎於腦海中的樂音時，突然，峽谷敞開。山，變得平緩了，退向遠處。河，不再是被懸崖逼向山根，而是回到谷地的中央，緩緩流淌。這些山谷就是河流日積月累的工夫造成的，河兩岸的人家也是河流哺育的。河流應該在大地的中央，河岸的台地上應該有村莊，村莊周圍應該有農田。那些村莊和田野的四周應該出現那些鮮明的花樹。那是一樹樹野桃花開在村後的山坡、開在村前的溪邊。那又彷彿弦樂隊舒展開闊的吟唱。

停下車，走進一個村莊，我要去看那些野桃花。遠看，野桃花一樹樹站在山下村前。近看，野桃花密密簇簇，綴滿枝頭。粉紅色的花瓣被陽光透耀，有精緻的絹帛質感。也許這種比方太精緻了，與眼前的雄荒大野並不匹配。想起日本人永井荷風描寫庭院中的桃花就用過這樣的比喻，「桃花的紅色，是來自平紋薄絹的昔日某種絕品紋樣的染織色。」永井荷風說，他寫桃花所在的庭院狹小局促，甚至「不是一座為漫步而設的庭院，而是為在亭樹中縮著身子端坐下來四處打量而設的庭院」。而我現在卻是在高天麗日下挺身行走，長風吹拂，田野包圍著村莊，群山包圍著田野。進入那個村莊。又走出那個村莊。風起處，吹落的野桃花瓣紛紛揚揚。走出那個村莊，村後的山坡上又是一個台地，坡地上仍然是開滿繁花的野桃樹。山坡上又是一個村莊。這是午後時分，沿著曲折的村道攀一個高台，走到上面的村莊。村子很安靜，家家門上都落了鎖，不知人都上哪兒去了。只有村前村後的野桃花安靜而熱烈地開著。這闊大、靜謐又熱烈的花事，保持著如此原初的風貌，沒有什麼現成的修辭可以援引。從這裡，又可以張望到花開更熱烈、更寧靜的村莊。但這些桃花不是此行的重點。所以，張望一陣，也就回頭下山，奔赴遙遠的金川梨花而去。

這個地方叫松崗。一個藏語地名，對音成漢語，也倒有著自己的意思。崗上也未見松樹，而是那些花樹兀自開放。「松」，本是藏語，一個數量詞，三的意思。三個什麼呢？沒有人，也無處去動問了。

這一天上午，溯岷江而上，越走海拔越高，景色越來越蕭瑟，完全是在離開春天。然後，在大渡河流域順河而下，又一步步靠近了春天、進入了春天，與早晨剛剛離開的成都平原上的春天截然不同的春天。

又是一次山勢的變化，又進入一個峽谷。

花崗岩的山壁更加陡峭，岩石縫隙中是一株株挺拔的柏樹。這些柏樹已被列為國家二級保護植物，名叫岷江柏。我在一本叫《河上柏影》的書中寫過它們。這些墨綠色的樹還在沉睡，樹梢上還未綻出新葉。與之伴生的樹卻按捺不住了。山楊已經一樹新綠，野桃花也一樹樹開得更加燦爛。這裡，一條更大的河和梭磨河相匯，站在一面壁立的懸崖前，可以聽到河水相激的隱隱回聲。

這個懸崖壁立，懸崖上站著許多柏樹的地方叫熱覺。

峽谷再次敞開，谷中出現更多的村落，更多的開滿花的樹和正在綻放新綠的樹。綠樹是先長葉再開花的樹，花樹是先放花再長葉的樹。

然後，二十公里左右吧，在一個叫可爾因的鎮子上，開闊的谷地再次猛然收束。高高的花崗石山使得這個鎮子一半在陽光下、一半在山影裡。又一條從北而來的河流匯入。從此，這條水勢豐沛的河就叫做大渡河了。

我們伴著大河又在濃重的山影裡穿行。

峽谷更深，春天更深。懸崖間有了更多的綠樹與花樹。而且，間或出現的一個小村莊前，開放的已經不是野桃花，而是潔白的李花與梨花了。

這道峽谷我是熟悉的，四十年前，曾經開著拖拉機每天往返。現在，道路加寬了，路面也鋪上了柏油，但山還是那些山、河還是那條河，公路依然順著河、貼著山腳向前蜿蜒。何況，前年，也是這個時節，我已經再次到訪過這裡。所以，我可以向同行的人預告，我們就快要衝出這景色雄偉的峽谷了。果然，就眼見得前方的山漸漸矮下去，峽口處顯現出越來越廣闊的天空，可以看到越來越多亮光閃閃的雲團懸停在前面。

然後，車子從一面懸崖下的彎道上衝出去，河流猝然變寬變緩，剛才還滔滔翻滾，一衝出峽口便落下飛珠濺玉的浪頭，變成了一匹安靜的綠綢。大渡河是地圖上的名字，在當地人口中，此河的這一段喚作金川。考究起來，河的得名，與過去沿河盛產黃金有關。但今天，淘金時代早已過去。倒是這一江水，在這寬闊的川西北高原的谷地中，潤育出一個「阿壩江南」。一縣之名，也改為金川。幾百年前，土司統治的時代，這裡的藏語名字是曲浸，意思就是大河。到清末，改土歸流，寓兵於民，叫過綏靖屯。民國間設縣，叫做靖化。中華人民共和國成立後，改名金川縣。這一縣地名的演變，也可窺見治亂的興替、時代的進步、文化的變遷。

已經夕陽西下時分。懸浮的白雲鑲上了金邊。星羅棋布的村莊掩映在漫山遍野的梨花中間，炊煙四散。黃昏降臨大地，梨花的色彩漸行漸淡，終於掩入夜色，變成一團團隱約的微光了。

晚飯後，和縣上的主人出來散步，但見河面輝映著滿城燈火，晚風輕拂，帶來了四野圍城的梨花暗香。回到酒店，我特意打開房間的窗戶，雖然春天的夜晚有新鮮的輕寒，但我不想把那些浮動的暗香隔在外面。躺在床上，突然想起川端康成一篇散文的名字〈花未眠〉。他寫的是插在旅館房中的海棠花，「半夜四點醒來，發現海棠花未眠。」他是以驚喜的口吻來寫這個發現的。的確，花，好些品種都會在夜裡閉合打開的花瓣，當然，也有花是晝夜都開放的。我就曾經在原野靜坐一個黃昏，看一群垂頭菊，如何隨著太陽光線的黯淡，慢慢閉合了花瓣。我也去觀察過，一大片的蒲公英怎樣在太陽初升的清晨，在十多分鐘的時間裡打開它們閉合的花瓣。但夜裡的梨花是什麼情形，卻未曾留心過，想必依然是在星光下盛開著的吧。

金川一縣，大部分村落與人口都沿著大渡河兩岸分布，從清朝乾隆年間開始便廣植梨樹。看前些年有些過時的統計資料，說四野中栽種的梨樹達百萬株。金川全縣人口七萬餘。城裡人和高山地帶的農牧業人口除外，攤到每個農業人口頭上，那是人均好幾十株了。所以，這裡的梨花不是一處兩處，此一園，彼一園，而是在在處處。除了成規模的梨園，村前屋後，地頭渠邊，甚至那些荒廢的老屋基上，都是滿樹梨花。

一處處地想看完看盡，怕是沒有那麼多時間。便挑兩處去看。一處沙爾，一處噶爾。兩處地方，如今都是藏漢民雜居，你中有我，我中有你。地名也是藏語漢寫。沙爾在金川河谷最寬處，兩岸田疇綿延、村莊密集，填滿了好幾公里寬的谷地。田疇、道路、村落間所有的空隙，都站滿梨樹。梨花開滿，如霧如煙。那些霧，那些煙，都似乎在將散未散之間。遠山逶迤的山梁上昨夜又積上了新雪。春天，梨花開放時，這個地方，往往低處下的是雨，高處降的就是雪。現在天放晴了，高處是晶瑩的新雪，低處谷地裡是雨後的梨花。一樣的白，又是不一樣的白。如霧如煙的白。不太知道是要馬上散開，還是正在聚攏的白。在沙爾，我們去到山半腰，背後是積雪的山頭，正好把這壯闊的美景盡收眼底。早餐時，餐廳牆上掛著一張就從現在這個位置拍攝的照片。縣委書記說，有客人看了這張照片，不以為是真實景色，而是一張P圖，因為他們不是在梨花盛開的時節來的，不相信積雪的山頭和谷中的梨花可以同框、可以這樣交相映照。可是現在，我們就站在這美景中間了。太陽正在升起來，陽光照耀之處，那些梨花變幻出了更加迷離的光芒。

我們下山，要到那些村中去。要到那些如雲如霧的梨花林中去。

那是一個很大的梨園。十幾級依山而起的梯田。雪山還在遠處的藍空下面，我們已經在這裡身陷於盛開的鮮花陣中了。梨樹都很高大，沒有過多的修剪，都在自由舒展地生長。樹幹粗礪、蒼老，分枝遒勁、生機勃勃，每一個枝頭，都滿是一簇簇繁密的花朵。少的十朵、二十朵，我數了最繁密的一枝，竟有八十多朵！再移步近觀，那些花朵的細部就呈現在眼前。像薔薇科的所有親戚一樣，梨花也是五出的瓣。此時，它們被陽光照耀著，格外地明亮耀眼，同時，也散發著格外濃烈的香氣。香氣那麼濃烈，讓人覺得有一層霧氣縈繞在身邊。又似乎是梨花的白光從密集的花團中飄逸而出，形成了隱約的光霧——花團上的白實在是太濃重了，現在，陽光來幫忙，讓它們逸出一些，飄蕩在空中，形成了迷離的香霧。我架好照相機，在鏡頭中再細細打量那些花朵。比起野桃花那薄如絹帛的花瓣來，梨花的瓣就豐腴多了，也滋潤多了，是綢緞的質感。就那樣，五個花瓣捧出了絲絲青碧的花蕊。每一枝蕊的頂端都是一團花粉。花剛開時，花粉是紅色的，兩天、三天後，就漸漸變成了沉著的黑色。它們在等蜂來，把它們帶到另外的一朵花上，落在每一朵花最中央羞怯地低著身子的花房上。於是，奇妙的遇合發生，生命的奇蹟發生。那是花的美妙性事。從此，我們可以期待秋天的果實。當然，傳播花粉更有效的是風。這大山谷地中，風是可以期待的，谷中的空氣受熱上升，雪山上的冷空氣就下沉來填補。空氣對流，這就是風。風把花粉從這一群花帶到那一群花、從這幾樹帶到另外的那幾樹。風不大，那些高大的樹皮粗礪蒼老的樹幹紋絲不動，虯曲黝黑的樹枝卻開始搖晃，枝頭的花團在這花粉霧中快樂地震顫。那是生命之美。我的眼睛在相機的取景器上，手卻忘記了按下快門。而我的腳下梨園的土地上，滿是鄉民們栽種的牡丹，此時正在抽莖，肉紅色的葉芽像嬰兒的小手般拳在一起，再有幾場太陽，再有幾場風，再有幾場夜雨，那些葉子就要像手掌一樣張開了。

我就這樣在梨花深處，幾乎忘記了身在何處。

我在這裡閱讀自然之書。美國自然文學家約翰·巴斯勒說：「偉大的自然之書就攤放在他面前，他需要做的只是翻動書頁而已。」而在此時，梨園順著一級級黃土台地依山而起，梨花怒放，風搖動了一切，我只是站在那裡，那些書頁也是由午間的谷中風一頁頁翻動的。

這時，風止息，一陣高潮已然過去了。

我們離開沙爾，去往另一個目的地噶爾。這也是一個藏語的地名，這個名字曾在清朝乾隆年間的史料中頻繁出現。不過是對音譯為噶喇依而已。那裡曾是當年金川土司的一個堅固堡壘。乾隆皇帝派重兵進剿，費去十數年時間、數萬條生命，才將大金川地區征服。此地面對大渡河有一塊平整的土地，是肥沃的良田，如今，麥田清秀，油菜花金黃，挺拔的梨樹高擎著一樹樹繁花點綴其間，一派平和景象。當年這片土地卻浸透了爭戰雙方數萬生命的鮮血。

我不止一次來過這裡，我想我應該逢著一個人。一個村子裡的賢人。這個村莊中一個老人。果然，他已經在那裡等著我們一行人了。差不多三年不見，老頭子依然腰板挺直、精氣旺盛。我問他帶著酒沒有。他笑笑，從身上掏出一個扁平的金屬壺，像美國西部片中那些馬上英雄必帶的那種，他擰開蓋遞到我手上。我喝了一大口，酒辣乎乎下到胃裡，又熱烘烘地上攻到頭上。太陽也熱烘烘明晃晃地照著，立馬我就感覺到了在花間嚶嚶歌唱的蜜蜂都鑽到腦袋裡來了。他問我酒夠不夠勁。我說你更有勁。他說，我看了你最新的書。這個老農民閒來無事，研究當年發生在這裡的戰史，並不憚煩數年如一日為遊客做義務講解。一到這裡，導遊們都自動躲在一邊，任他引領遊客了。

我們從河邊的平地沿著陡峭的台階拾級而上，台階兩邊，全是過去堡壘的殘牆。殘牆間站滿了梨樹。蒼老的梨樹。好些樹的樹冠已經乾枯了，在藍空下依然展開蒼勁黝黑的枝杈。而樹的下半部，那些枝杈依然生氣勃勃，盛放著耀眼的梨花，一路護持我們登上了那條象鼻一樣伸向河岸的山梁。如今，那些厚牆高雉的堡壘都傾圮了。廢墟之上，蓋了一座御碑亭。其中立著乾隆皇帝撰文題寫的《御製平定金川勒銘噶喇依之碑》。義務導遊帶著我的同行們進了碑亭，我沒有進去。我熟讀過那通碑文。乾隆當然要寫碑了，平定金川之役是他十大武功之一。我就是四處走走看看。我去看一種早放的野花。這叢頑強的灌木從水泥階梯的護牆縫隙中伸展出細枝，開出了成串的花朵。這是醉魚草科的密蒙花。它的香氣強烈，嗅聞久了，讓人有迷離的感覺。我聽見那位村中賢人洪亮的聲音在亭子中迴蕩。他在講述一場遠去的戰爭。那些熟悉的人名地名斷斷續續飄到我耳中。我還是坐在那裡，頭頂著烈日看那叢密蒙花。後來，他們從亭子裡出來了。我聽到有人在問他的身分。不是問他是什麼職業，而是民族身分。這其實是問他，到底是被征服者的後代還是征服者的後代？他們去看梨花了，我遇見了幾個熟人，與他們說話，所以沒有聽見他如何回答。他本人的具體情形我不了解，但在大金川河谷中生活的大多數人，他們既是征服者的後代，也是被征服者的後代。當年慘烈的戰事結束以後，當地人中男丁死傷殆盡，清廷為了長治久安，活下來的士兵留下來就地屯墾，外來的士兵配娶當地婦女，共同勞作，繁育後代，使這片度盡劫波的大地重新恢復了生機。

我查過金川一地很多資料，看這漫山滿谷的梨樹是什麼時候有的。果然就在不同的書中發現一鱗半爪的線索。一本當時人的筆記講到戰前當地的物產，就說當地有叫查梨的梨樹。又在後來的史料中發現，說有留下屯墾的山東籍士兵從老家帶來了梨樹種籽，與當地的梨樹嫁接後，新的梨樹結出了雞腿形的、甜美多汁而幾乎無渣的果實。因為這種新的梨樹生長在雪山之下，就名為雪梨，名為金川雪梨了。從此，這個世界上就多了一種樹，一種梨樹。不知是什麼時候，這些新的梨樹，就站滿了大金川河谷，改變了這個河谷的景觀。而多民族的融合也改變了這裡的人文風貌。新民植育梨萬樹，生涯不復舊桑田。後一句引自晁補之《流民》。前一句是我編的。如此，大致能概括乾隆年間的慘烈戰爭後，大金川一帶地方的變化吧。

當地政府有一個強烈的意圖，就是把種植農業往觀光方向轉化。這樣滿山滿谷的梨花，的確是一個很好的觀光資源。杜甫詩「高秋總饋貧人實，來歲還舒滿眼花」，雖是寫桃樹，但移至梨花上，也很確切。物以致用，先是用的，這個功能實現後，其審美性的觀賞功能或許更有價值。我們這一行，就是受邀來看梨花、寫梨花的。可怎麼寫這些開放在雄荒大野、野性而生機勃勃的梨花，的確是個問題。這幾天，老聽人在耳邊念岑參的詩，「忽如一夜春風來，千樹萬樹梨花開。」我心裡卻不滿足。雖然他寫得跟眼前景色一樣的壯闊，但那詩到底是寫雪、寫唐時輪台的雪，只是用梨花做比喻的。真正到古詩詞中找寫梨花的詩句，都是寫那小山小水小園中的，到底顯得過於纖巧，與我們眼見的金川梨花並不相宜：

「梨花雪壓枝，鶯囀柳如絲。」（溫庭筠）

「梨花千樹雪，柳葉萬條煙。」（李白）

「梨花如靜女，寂寞出春暮。」（元好問）

再有些感懷傷時、一腔春愁，更與眼前這轟轟烈烈的花開盛景不能相配：

「梨花近寒食，近節只愁餘。」（楊萬里）

「梨花有思緣和葉，一樹江頭惱殺君。」（白居易）

我在這盛開著梨花的高山深谷中行走，只感到勃勃生機的感染，即便有些真愁或閒愁，此時，都煙消雲散了。

梨樹都是梨樹，但有不同姿態；梨花都是梨花，卻開出不同格調。何況樹由人植，人群更是各個不同，金川的人民，歷史將其造成了特別的族群。樹生別境，這裡雄闊的雪山大川，化育了這種接近原生狀態的梨樹。中國文學書寫草木，尤其是散文書寫，常常套用傳統文化中那些托物寄情、感時傷春的熟稔路數，情景相近時，雖也確切，卻了無新意。中國的地理和文化多樣性都很豐富，同一種植物在不同的生境中，自然就發生不同的情態與意涵。所以，不看主客觀的環境如何，只用主要植根於中原情境的傳統審美中那些言說方式，就等於自我取消了書寫的意義。日本作家永井荷風在寫梅花時就注意到了這個問題。他說：「我一望見梅花，心緒就一味沉浸於測試有關日本古典文學的知識當中。梅花再妍美動人、再清香四溢，我們個性的衝動卻在根深柢固的過去權威欺壓下頓然消萎。漢詩和歌跟俳句，已經一覽無餘地吸乾了那些花的花香。」美國文化批評家蘇珊．桑塔格也說過藝術創新的根柢，就是培養新感受力。也就是說對於不同的對象，要有新的體察與認知。在這一點上，永井荷風也說過意思相近的話，「我們首先須清心靜慮，以天真爛漫的嶄新感動，去遠眺這種全新的花朵。」

的確，如果對此種寫作方式缺乏應有的警惕，那就滑入那些了無新意的套路。我看梨花，就成了「我看」梨花，而真正重要的是我看「梨花」。前一種僅僅是一種姿態。後一種，才能真正呈現出書寫的對象。今天，遊記體散文面臨一個危機，那就是只看見姿態，卻不見對象的呈現。如此這般，寫與沒寫，其實是一樣的。法國有一個批評家曾經指出，無新意的文本，造成的只是一種「意義的空轉」。空轉是什麼意思，就是汽車引擎發動了，卻不往前行進。對於文學來說，文字鋪展開來，卻沒有發現新的東西，那就是意義的空轉。

所以，我看金川的梨花既考慮結合當地山川與獨特人文，同時，也注意學習植物學上那細微準確的觀察。寫物，首先得讓物得以呈現，然後涉筆其他，才有可信的依託。

還想到一點，旅遊、觀賞，是一個過程，一個逐漸抵達、逼近和深入的過程。這既是在內省中昇華，也是地理上的逐漸接近。所以，我也願意把如何到達的過程寫出來，這才是完整的旅遊。看見之前是前往、是接近，發現之前是尋求。我願意用這樣的方式去發現一片土地，去看見大金川上那些眾多而普遍的梨花。

# 一起去看山

## ——嘉絨記之二

有好些年沒有去四姑娘山了。汶川地震前兩年去過，地震後就沒有去過。加起來，超過十個年頭了。

但這座雪山，以及周圍地方卻常在念想之中。

這座藏語裡叫做斯古拉的山，漢語對音成四姑娘。這對得實在巧妙。因為那終年積雪美麗的山確實是有著四座逸世出塵的山峰，在逶迤的山脊上並肩而立、依次而起、互相矚望。後來又有了關於四個姑娘如何化身為晶瑩雪峰的傳說，以至於人們會認為這座山自有名字那天，就叫做四姑娘了。卻少有人會去想想，一座生在嘉絨藏人語言裡的山，怎麼可能生來就是個漢語的名字呢？在這裡，我不想就山名做語言學考證，而是想到一個問題，當我們來到一座如四姑娘山這般的美麗雪山面前時，我們僅僅是只打算到此一遊——因為別人來過，我也要來上一趟，這確實是當下很多人出門旅遊的一個重要原因——還是希望從長長短短的遊歷中增加些見識、豐富些體驗？

有一句話在愛去看山登山的人中間流傳廣泛。那句話是「因為山就在那裡」。

這句話是二十世紀二〇年代一位名叫馬洛里的英國人說的。這個人是個登山家，登上過世界好幾座著名的高峰，然後決定向世界最高山峰珠穆朗瑪挑戰。如果成功了，他就是全世界第一個登上珠峰的人。那時，隨隊採訪的記者老問他一個問題，為什麼要登山？就像今天旅遊的人要反問，我去一個地方為什麼就該懂得一個地方？馬洛里面對記者的問題總是覺得無從回答。一個人面對一座雄偉的山峰、面對奧祕無窮的大自然，感受是多麼複雜，怎麼可能只有一個簡單的答案？一個內心裡對著某種事物懷著強烈迷戀衝動的人，怎麼只有一個簡單的答案？唯目的論者才有這種簡單的答案。終於有一天，面對記者的問題，他不耐煩了，就用不耐煩的口吻回答，「因為山就在那裡。」

確實，山就在那裡。那樣美麗、沉默不言，總是吸引人去到它跟前。看它，讀它，體味它，如果能力允許，甚至希望登上山頂去看看那裡是什麼樣子，從那樣的高度眺望一下世界。杜甫詩說：「蕩胸生層雲，決眥入歸鳥。」追求的就是這樣一種雄闊的體驗。四姑娘山最高峰海拔六千多米。我沒有那麼好的身體去追求這種極致的體驗。但從低處凝視、想像，也是一種美妙的體驗。想像自己如果化成一座山，或者如一座山一樣沉穩、寵辱不驚，那是什麼境界！

山有自己的歷史。山的地質史。山化身為神的歷史。如果要為這後一種歷史勉強命名，不妨叫做地方精神史。山神的存在，在藏區是一個普遍現象。為什麼每座山都是一個神？這當然是一部地方史的精神部分。沒有精神參與，一座山就不會變成一個神。四姑娘山就是這樣。本是一座山，在歷史空間中，生活在周圍的人因為它莊嚴、毫不動搖的姿態，軟弱的人因此為它附麗了與其姿態相似的人格，並為這樣的人格編織了故事。某個人為了保衛美麗的自然、保衛家園，自願化身成一個地方性的保護神，擔負起神聖的職責。四姑娘山的故事也是這樣，但突破了故事模式的是，這座山是四個美麗姑娘所化。創造這個故事的人當然是受了自然的啟發，因為四個山峰就在那裡。那四個姑娘當然美麗，因為雪山本身就那麼美麗。那四個姑娘當然也善良。美就是善，這是哲學家說過的話。

多山的四川有兩座特別有名的山。一座是貢嘎山，一座是四姑娘山。一座是男性的，一座是女性的。一座是蜀山之王，一座就是蜀山王后。這兩座山我都去過多次。我在年輕時代的詩裡就寫過，「傳說那座山有神喻的山崖，我背著兩本心愛的詩集前去瞻仰。」親近瞻仰貢嘎的歷程略過不談。

這裡只想談談四姑娘山。

一九八〇年代，二十多歲的時候，一次從小金縣城去成都。一大早起來，長途客車搖晃到日隆鎮上吃早飯。冬天滴水成冰，石灰牆都凍得更加慘白。一車人圍著飯館裡一只火爐跺腳搓手，再吃些東西，身體總算慢慢暖和過來。這才有了閒心四處打量。留給我深刻印象的是牆上好多面旗子，都是日本旅行團留下的。上面好多字。「四姑娘山花之旅」、「白色聖山之旅」等等，等等。下面還有全體團員的簽名。那時的想法是日本人跟我們也太不一樣了。我們還在為坐汽車怎麼不受凍而焦慮，他們卻跑這麼遠，就為看一眼我們山裡的花。那也是中國經濟高速發展剛剛啟動的年代。如今，我們也一天天過上了未曾夢想的生活。從生下來那一天起，我生活經驗裡出門遠行的理由很少，機會更少。我一直到了二十歲，還沒有去過離家一百公里以外的地方。一九八五年，我出公差，先從馬爾康到小金縣城，然後再經省城去蘇東坡的老家眉山開會，已經是很遠很豐富的一次旅行了。算算四姑娘山離我的老家距離不到兩百公里，但我在小金縣城出差這回，才第一次聽說這座山的名字。記得是在縣文化館看一位畫家寫生的風景畫，說畫中的山是四姑娘山。那些雪峰、山谷、溪流、樹，對我這雙看慣了山野景色的眼睛也有很強的衝擊力。那時，當地專門要到某地去看看特別美景的，也就是畫畫或攝影的人。所以，過兩天經過四姑娘山下的日隆鎮，在唯一那家國營飯館裡看見滿牆日本旅行團的旗幟，以及那些讚美雪山與花的留言時，心裡想的還是，這些日本人出這麼遠的門，就為來看幾朵花，也實在是太過奢侈了。雖然那些花肯定是非常漂亮，也是值得一看的。也是在那一時期，才知道有一種出門方式叫旅遊。我們這一代人就是這麼過來的。很多東西，剛聽說時還是一個抽象的概念，不久也就成為我們的生活方式了。

很快，中國人也開始了初級旅遊，大巴車拉著，導遊旗子搖著，把一群群人送到那些正在開發中的景點。四姑娘山也成了一個邊建設邊開放的景區。過幾年再去，日隆鎮上那個人民食堂已經消失不見，有了些為接待遊客而起的新建築。我自己就在一座臨著溪澗的木樓裡住了幾宿，聽了幾夜溪流的喧嘩。坐車去雙橋溝，騎馬去長坪溝。那是晚秋時節了。藍天下參差雪峰美輪美奐。但四姑娘山的美其實遠比這豐富多了：森林環抱的草地，蜿蜒清澈的溪流，臨溪而立的老樹，尤其是點綴在岩壁與樹林間的一樹樹落葉松，那麼純淨的金色光芒，都使人流連忘返。

去長坪溝的那天早晨，太陽從背後升起，把我騎在馬上的身影，長長地投射在收割後的青稞地裡。烏兒們在馬頭前飛起來，又在馬身後落下去。雲雀的姿態最有意思。牠們不像是飛起來的，而是從地面上彈射起來，到了半空中，就懸浮在頭頂，等馬和馬上的人過去了，又幾乎垂直地落下來，落到那些麥茬參差的地裡，繼續覓食了。麥茬中間，好多飽滿的青稞粒和秋天裡肥美的昆蟲，鳥兒們正在為此而奔忙。附近的村莊，連枷聲聲。這是長坪溝之行一個美好的序篇。山路轉一個彎，道路進入森林，背後的一切就都消失不見了。落盡了葉子的闊葉林如此疏朗，陽光落下來，光影斑駁，四周一片寂靜。而森林的寂靜是充滿聲音的。那是很多很多細密的聲音。岩石上、樹上的冷霜融化的時候，會發出聲音。一縷一簇的苔蘚在陽光下舒張時也會發出聲音。起一絲風，枯草和落葉會立即回應。還有林梢的雲與鳥、溝裡的水，甚至一、兩粒滑下光滑岩壁的沙粒都會發出聲音。寂靜的世界其實是一個充滿了更多聲音的世界，都是平時我們不曾聽過的聲音，是讓我們在塵世中遲鈍的感官重新變得敏銳的聲音。早晨太陽初升的那一刻，只要峽谷裡的風還沒有起來，那些聲音就全都能聽見。太陽再升高一些，風就要起來了，那時充滿峽谷的就是另外的聲音了。

這一天風起得晚，中午，我們在一塊林中草地上吃乾糧時，風才從林梢上掠過，用潮水般的喧嘩掩去了四野的寂靜。

那是我第一次去到四姑娘山下。

一個朋友帶一個攝製組，來為剛闢為景區不久的四姑娘山拍一部風光片子，我與他們同行。山谷看起來開闊平緩，但海拔一直上升。闊葉林帶漸漸落在了身後。下午，我們就是在那些挺拔的雲杉與落葉松間行走了。還是有闊葉樹四散在林間。那是高山杜鵑灌叢，綠葉表面的蠟質層被漏到林下的陽光照得發亮。

夕陽西下時分，一個現成的營地出現了。那是一間低矮的牧人小屋。石壘的牆，木板的頂。在小屋裡生起火，低矮的屋子很快就變得很溫暖了。天氣晴朗，煙氣很快上升，從屋頂那些木板的縫隙中飄散在空中。若是陰天，情形就兩樣了。氣壓低，煙難以上升，會彌漫在屋子中，熏得人涕淚交流。但今天是一個好天氣。同伴們做飯的時候，我就在木屋四周行走，去看小溪，溪流上漂浮著一片片漂亮的落葉。紅色的是槭、是花楸。黃色的是樺、是柳，還有絲絲縷縷的落葉松的針葉。太陽落到山背後去了，冷熱空氣的對流加劇，表現形態就是在森林上部吹拂的風。此時在林中行走，就像是在波濤動盪的海面下行走。森林的上層是一個動盪喧嘩的世界。而在森林下面，一切都那麼平靜。雲杉通直高大的樹幹紋絲不動，樺樹的樹幹紋絲不動。吃過晚飯，天黑下來。大家都是愛在山中漫遊的人，自然就談起山中的各種趣聞與經歷。愛在山中行走的人，在山中更是要談山。就像戀愛中的人總要談愛。於是，夜色中的山便越發廣闊深沉起來。爬了一天山，襲來的疲倦使得大家意興闌珊時，就都在火堆邊睡去了。我橫豎睡不著，也許是因為過於興奮，也許是因為太高的海拔。這時風停了、月亮起來了，用另一種色調的光把曾短暫陷落於黑暗的群山照亮。我喜歡山中靜寂無聲的光色潔淨的月亮，就悄然起身，把褥子和睡袋搬到了屋外的草地上。我躺在被窩裡，看月亮，看月光流瀉在懸崖與杜鵑林和落葉松的地帶。我花了更多的時間凝視一條冰川。那道冰川順著懸崖從雪峰前向下流淌——紋絲不動，卻保持著流動的姿態，然後，在正對我的那面幾乎垂直的懸崖上猛然斷裂。我躺在幾叢鮮卑花灌木之間，正好面對著那冰川的斷裂處。那幽藍的閃爍的光芒，真的如真似幻。我們騎乘上山的馬，幫我們馱載行李上山的馬，就站在我的附近，垂頭吃草或者咯吱咯吱地錯動著牙床。我卻只是靜靜地望著那幾乎就懸在頭頂的冰川十幾米高的斷裂面，在月光下泛著幽藍的光芒。視覺感受到的光芒在腦海中似乎轉換成了一種語言，我聽見了嗎？我聽見了。聽見了什麼？我不知道，那是一種幽微深沉的語言。一匹馬走過來，掀動著鼻翼嗅我。我伸出手，馬伸出舌頭。牠舔我的手。粗礪的舌頭，溫暖的舌頭。那是與冰川無聲的語言相類的語言。

然後，我就睡著了。

越睡越沉，越睡越溫暖。

早上醒來，頭一伸出睡袋，就感到脖子間新鮮冰涼的刺激。睜開眼，看見的是一個銀裝素裹的白雪世界！我碰落了灌叢上的雪，雪落在了頸間，那便是清涼刺激的來源。岩石、樹、溪流、道路，所有的一切，都被蓬鬆潔淨的雪所覆蓋。一夜酣睡，竟然連下了一場鋪天蓋地的大雪都不知道！

那天早晨，興奮不已的幾個人也沒吃東西，就起身在雪野裡疾走，向著這條峽谷的更深處進發，直到無路可走。最漂亮的景色是一個小湖。世界那麼安靜，曲折湖岸上是新雪堆出的各種奇異的形狀。那些形狀是積雪覆蓋著的物體所造成的。一塊岩石，一堆岩石，雪層杜鵑花的灌叢，柏樹正在朽腐的樹樁，一、兩枝水生植物的殘莖，都造成了不同的積雪形狀。紋絲不動的湖水有些黝黑。湖水中央是潔白雪峰的倒影。這是我離四姑娘山雪峰最近的一次。它就在我的面前，斷裂的岩層，鋒利的稜線，冰與雪的堆積，都歷歷在目，清晰可見。

回來寫過一篇散文〈馬〉。不是寫進山所見，是寫那些跟我們進山的動物夥伴。還做了一件文字方面的事情，就是為這次拍的紀錄短片配了解說詞，在當時中央電視台一檔叫《神州風采》的節目中播出，也算是為四姑娘山的早期宣傳做過一點工作。

後來，還在不同的季節到過四姑娘山。

春天和秋天，不同的植物群落，會呈現出豐富多彩的色調。春天，萬物萌發。那些落葉的灌叢與喬木新萌發的葉子，會如輕霧一般給山野籠罩上深淺不一的綠色，如霧如煙。落葉松氤氳的新綠，白樺樹的綠閃爍著蠟質的光芒。那些不同的色調對應著人內心深處那些難以名狀的情感。從那些時刻應了光線的變化而變幻不定的春天的色彩，人看到的不止是美麗的大自然，而且看到了自己深藏不露的內心世界。美國詩人惠特曼的詩句，「拂開大草原上的草，吸著它那特殊的香味，我向它索要精神上相應的訊息。」說的就是這樣的意思。

秋天，那簡直就是燦爛色彩的大交響。那麼多種的紅，那麼多種的黃，被燦爛的高原陽光照亮。高原上特別容易產生大大小小的空氣對流，那就是大大小小的風，風和光聯合起來，吹動那些不同色彩的樹——椴、楓、樺、楊、楸……那是盛大華美的色彩交響。高音部是最靠近雪線的落葉松那最明亮的金黃。高潮過後，落葉紛飛，落在蜿蜒的山路上，落在林間，落在溪澗之上，路循著溪流，溪流載滿落葉，下山，我們回到人間。其間，我們有可能遇到有些驚惶的野生動物、有可能遇見一群血雉，羽翼鮮亮。我們打量牠們，牠們也想打量我們，但到底還是害怕，便慌慌張張地遁入林間。

當然不能忽略夏天。

所有草木都枝葉繁茂，所有草木都長成了一樣的綠色。浩蕩，幽深，寬廣。陽光落在萬物之上，風再來助推，綠與光相互輝映，綠浪翻拂，那是光與色的舞蹈。那時，所有的開花植物都開出了花。那些開花植物群落都是龐大家族。杜鵑花家族，報春花家族，龍膽花家族，馬先蒿家族，把所有的林間草地、所有的森林邊緣，變成了野花的海洋。還有綠絨蒿家族、金蓮花家族、紅景天家族都競相開放，來赴這夏日的生命盛典。

而這一切的背後，總有晶瑩的雪峰在那裡，總有藍天麗日在那裡。讓人在這美麗的世界中想到高遠、想到無限。記起來一個情景，當我趴在草地上把鏡頭對準一株開花的棱子芹時，一個日本人輕輕碰觸我，不要因為拍攝一朵花而在身下壓倒了看上去更普通的眾多的毛茛花。我也曾阻止過準備把杜鵑花編成花環妝點自己美麗的年輕女士。這就是美的作用。美教導我們珍重美。美教導我們通向善。

冬天，雪線壓低了。雪地上印滿了動物們的腳跡。落盡了葉子的森林呈現一種蕭疏之美。

寫到這裡，就想到我們很多主打自然景觀的景區工作中比較疏失的一環，那就是對自然之美挖掘不夠深入細緻。旅遊是觀賞，觀賞對象之美需要傳達、需要呈現。自然之美的豐富與細微，必先有旅遊業者的充分認知，然後才能向遊客做更充分的傳達。對遊客來說，自然景區的觀光也是一種學習。學習一些動植物學的、地質學的知識。更不要說當地豐富的人文資源了。遊歷也是學習，是遊學。所謂深度遊、專題遊，我想就是在這種向學的願望與興趣的基礎上產生的。自然景區旅遊是欣賞自然之美的過程，是一種審美活動，需要景區進行這個方向上的引導。

前些日子，四姑娘山的朋友來成都看望我，多年不見的黃繼舟也得以謀面。還記得當年他曾陪我遊初夏的四姑娘山，一起去拍攝那些美麗的高山開花植物。黃繼舟長期在四姑娘山景區工作，他是一個有心人，長期深入挖掘景區的自然人文內涵，有很多自己的發現。這次，他帶來一本攝影集，都是他在景區多年深耕積累下來的作品，題材也關涉到景區的各個方面。尋覓美，捕捉美，呈現美，可以做為遊客於不同季節在景區旅遊的一個指引。我也相信，沿著這樣的思路做下去，四姑娘山所蘊蓄的美的資源會得到更精準、更系統的呈現，遊客依此指引，可以在景區做更深度的探尋與發現。大美不言，可滌心養氣；大美難言，仰賴審美力的提升，而自然界是最好最直觀的自然課堂。如果站在這樣的角度上思考景區的功能，四姑娘山自然就有需要不斷前往，如今交通情況大幅改善，這個大都會旁的自然勝景，自然前途無量。

下次，我們可以帶著這本書，去看四姑娘山。

# 貢嘎山記

不是第一次去貢嘎山區。

這樣躍躍欲試，就為去一座雪山下的深谷？對一個久在山中行走的人來說，該是沒有什麼來由的。因為貢嘎雪山的美麗？我見過青藏高原上差不多所有有名的雪山。因為那些從春到秋綻放著美麗花朵的高原植物？三、四年了，從初春到深秋，我都會不時到高原上去尋覓、去記錄，迷醉於造物的精巧神奇。就在一個月前，我還在貢嘎山和雅拉雪山間的曠野上追蹤拍攝秋天龍膽科植物的美麗花事。

但打從接呂植教授邀請，參加山水自然保護中心的環貢嘎山保護專案的考察活動起，我就處於這種躍躍欲試的狀態中了。是因為此行將和一些真正的生物學家同行嗎？這三、四年來，我的青藏高原植物觀察活動都是獨自進行的。如果說，我的觀察和對觀察對象的圖像與文字的雙重呈現，只是出於一種本能的熱愛，是一種審美——形式上的，文化上的，那麼，這一次，我與這些長期從事自然保護工作的人在一起，感受和了解他們的工作，或許會為我的業餘愛好找到新的意義、新的著力點。

已經不好意思說自已有多麼強烈的求知欲，但保留著些許好奇心還是應該的吧。總之，我已經等不及在成都會合後，再深入那些高山峽谷了。我提前到了計畫中的第二站，貢嘎雪山下有著冰川勝景的海螺溝。他們在成都集結出發的時候，我已獨自上山。

但是，天氣不好，大霧彌漫，冰川和雪山都深藏不現。我去看過了開花季節的杜鵑、丁香和川滇海棠。尤其是川滇海棠，我想看看它秋天的果實。我看到了。看到那些被冷霜凍過的果子，想起歌德在《自然》中說過的話，對自然來說，「生命是她最美好的發明，而死亡則是她的手腕，好使生命多次重現。」何況，這些樹木並沒有死亡，只是經過一次四季輪迴，展葉，抽枝，開花，結果，休眠——一次貌似的死亡，卻也成熟了這麼多的種籽，「使生命多次重現」。我想去看更多的結果的植物——松、杉、花楸、山荊子……但是，冷空氣從雪山頂上順坡沉降，更加濃重的霧氣四合而來，就在面前的樹木也開始身影綽約。

我下山。在磨西鎮上的旅館，接到電話，說路上交通不暢，他們會晚到。我上網搜尋山水自然保護中心的資料。我得知道即將與之同行的人在幹些什麼，山水自然保護中心又是怎麼定義自己的。

此前，我僅是通過朋友介紹和呂植教授及她的幾個同事有過一面之緣。飯後，他們贈送我兩張碟片。碟片記錄了青海藏區的兩位青年喇嘛，如何在當地進行本土生物的科學觀察與記錄。一位觀察紅花綠絨蒿，一位跟蹤一種叫藏鵐的小鳥。他們的觀察與記錄就是受了「山水」的幫助與輔導。

現在我從網上複製來呂植關於山水自然保護中心的介紹：

二〇〇七年，「山水自然保護中心」，一個中國民間環保組織，在北京成立。其創辦得到了保護國際的支持。「山水」的志向是成為中國最優秀的本土自然保護組織，在社會的高速發展中，融合政府、市場、傳統文化和當地社區，以及國內國際的資源，在基層實踐生態公平，在生態價值最高的中國西南和青藏高原示範一個「生態特區」，以中國智慧為世界貢獻人與自然持續共存的希望。

生態特區，一個新鮮的提法。生態公平，一個新鮮的概念。

信箱裡還有他們發來的此次活動的背景資料，但我沒看。我不想因為一些文字先入為主。我要從一個過程的自然展開中一窺「生態特區」如何確立與運行，又如何作用於社會。

天黑時，下起小雨，他們到了。

我在鎮上一個小飯館裡與他們相見。呂植說，見了我預告此行的微博，但我把她任教的學校弄錯了。她停下犛牛肉燉蘿蔔湯不喝，正經說，她是北京大學教授，而不是我以為的另一所大學。我並沒有感到尷尬。我想，就這麼開始挺好，除了禮貌的寒暄。他們交談，我傾聽。這時，雨仍然下著，飯館門口馬路上一片濕淋淋的光芒。吃完飯，我們連夜上山。大家都希望明天是個晴天。在海螺溝二號營地住下，半夜醒來，我聽見谷中的溪流在大聲喧嘩。記起小時候，那些山村的夜晚，如果溪水發出比平常響亮的喧嘩，母親就會說，天要晴起來了。我不知道這樣的鄉土經驗中蘊含著怎樣的科學道理，這時卻記起了母親在我兒時枕邊說過的話。

第二天早上，天真的放晴了。霧氣慢慢散開，雲縫間露出了一汪汪湖水般的湛藍。林間空氣清冽。我們上山，不久就從一片冷杉的林線後看到貢嘎雪山金字塔般的山體緩緩升起。雪峰下是一瀉而下的冰川。冰川深切入森林地帶，深溝的兩側，斜射的陽光給錯落在山梁上的杉樹林勾勒出一道道迷人的輪廓線。數位時代了，攝影成本空前低廉，快門聲響成一片。腳下的冰川雖然一年年消融退縮，依然無比壯觀。我在冰川旁的山壁上拍到兩種結果的新植物。一種葉子像是匐地柳，結出一嘟嚕一嘟嚕紫色的漿果。另一種植物也長著相彷彿的葉子，卻結著一簇簇晶瑩的白果。跟專家出行的好處很快體現。都沒打開相機讓人家看圖片，根據我簡單的半專業的描述，擅長植物分類學的顧壘博士告訴我兩種久聞其名的植物名字。紫果的是越橘。而白的那種就叫白珠——而且，是花，不是果。再打開相機，檢視照片。果然，那貌似玉珠的果上有小小的開口，一律五裂，露出了裡面做為一朵花該有的基本構成。那開口實在太小，在相機上把放大按鈕按了又按，才顯露出白珠做為一朵花的祕密。這也怨不得它。海拔四千多米的高度上，不見陽光的時候，早已滴水成冰了。進化之功用了多少年，才讓它這個時候還能開花、還能孕育籽實。

這就是貢嘎山中的夢幻行程，兩、三個小時裡，我們不斷上升，直到將近海拔五千米的高度，植物生長的極限。

然後，我們又順著山坡下降、下降，來到了海拔兩千多米的高度，這裡已經是亞熱帶森林的景象。一行人停下來，在一株十多米高的闊葉喬木跟前。一個熟悉的名字：康定木蘭，和眼前這株陌生的樹聯繫在一起。這株樹便是一株熟悉的樹了。有了名字的樹，就和人有了某種神祕的關聯。

昨天，在旅館裡上網了解「山水」時，還看到一篇檢討民間環保組織缺點的檄文，其中一條說一些民間環保組織幹不出什麼實事，就說自己在宣傳環保理念。就我個人經驗來說，如果不是逢到什麼什麼節、什麼什麼日來了，在街頭支個攤子的象徵性宣傳，就是僅僅把身邊植物的名字告訴給公眾，這種宣傳也是有功德的。雖然古人就號召「多識於鳥獸草木之名」，但幾千年下來，中國人識得身邊事物的人著實不多。而人是奇怪的生物，認識就有關聯，不認識就沒有關聯。這個社會叫「熟人社會」。現在，這株康定木蘭就站立在眼前，樹幹通直，挺拔向上，這一點不大像木蘭科的植物，但葉片和葉脈卻顯示了木蘭科植物的共同特徵。這是一株年輕的生長健旺的木蘭。它是我們此行要特別關注的第一個對象。

據說，幾十年前，康定木蘭在當地生存還較為普遍。是森林採伐毀了它們。其他的「有用之材」——參天大樹被伐倒時，它們被倒下的大樹壓倒在身下。而且，當年的採伐並不是把大樹砍倒那麼簡單。一株被伐倒的大樹，一片被伐倒的森林，有用的部分還要從四五十度、五六十度的陡坡上滾到山下，這一路的橫衝直撞，猛烈的重力衝擊下，不只是樹，山坡上連貼地的草也難以倖存。二十多年前，採伐停止了，許多植物重現蓬勃生機，康定木蘭卻因為生長緩慢，在生存競爭中處於弱勢。於是，這種初春時節會綻放出一樹樹美麗的紅色花朵的樹，變成了珍稀植物。眼下，這株挺拔的康定木蘭就站立在景區公路的路肩之下。修公路時造成的空地上，還有保護區嘗試性地栽下的十多株木蘭苗。這些樹苗都有兩、三米高，但樹幹卻是那麼細瘦，比那些餓死了自己的模特兒還瘦得讓人憂心。這樣體格的樹，要來參與這活力十足的森林中近乎野蠻的生存競爭，壯大種群，沒有人為的干預，實在是沒有太大指望。就在那株樹下，大家討論如何保證木蘭苗移栽的成活率。後來，我們車行下山，來到當地林業部門的育苗基地。在這裡，我們看到幾百株茂盛生長的木蘭苗。基地的工作人員介紹，這些都是採集野生木蘭種籽培育而成的。看起來，只需要把這些健康的樹苗移栽到野外就可以了。而就在這個環節上，問題出現了。牽涉到一個問題，錢。培植這些樹苗要錢，移栽要錢，移栽後管護並使之繼續成長也需要錢。國家也有相關的經費，也就是有政策。但政策是普遍性的，針對一般狀況的。這點針對一般狀況的育林經費用於康定木蘭這種自然生長困難的樹種，自然遠遠不夠。我不是檢討相關的林業政策，只是說，如此情形之下，「山水」這樣民間環保組織的工作空間就出現了。在我看來，這個空間是存在的，但邊界卻模糊。中國，是大政府社會，這個社會還沒有學會如何運用民間組織的力量，來從事一些政府會辦、但不一定能辦好的工作。一般而言，民間組織有巨大的熱情，可以提供一定的資金，還有專業人才，可以辦好一些事情。但是，怎麼更有效地使康定木蘭式的環保問題被更多的公眾知曉，並參與進來，以此傳播和實現「山水」關於生態公平的概念，大家就站在那個苗木茂盛的苗圃中熱烈討論。時間是下午四點。此前，兩點半，我們在一家飯館等待稍晚的午餐的那半小時，還就此議題分組討論過一次。我是新人，無從置喙，但又要說話，便說，我寫文章，把聽來的話告訴給更多的人。大家還給了我鼓勵的掌聲。

我想，自己的作用也就是讓更多人知道這樣的環保組織、它們的成績和面臨的困難。在我看來，困難不在於某個項目的推進本身，而在於，它們活動空間的邊界模糊。這邊界關涉政府職能，也關涉公眾的認同。而這是中國最模糊不清的地帶。

離開苗圃，來到新興鄉的一個村莊。我們繼續康定木蘭的故事。「故事」？是的，這夥人比我這個靠寫故事為生的人還喜歡說這個詞。他們說「要講好我們的故事」。故事把我們帶到一株四百多歲的「康定木蘭王」大樹跟前。

這株康定木蘭原先有兩株，儘管木蘭不是雌雄異株，但在這個將老木蘭樹認作神樹的村莊裡，村人說，原先的兩株老木蘭一公一母，多年前修公路，擋在路線圖上的一株被伐掉了。剩了眼下這一株，在秋日陰沉的天空下，像所有空曠處的大樹一樣如傘如蓋。以後，來到這裡，不僅可以認出一株樹，還可以據此認出一個尋常的村莊。這株樹真的是有些「故事」了。他們的「故事」，按我的揣摩，就是一件事的可以講說之處。這株樹長到這麼老，而且，在我們這個曾經相當地與樹為敵的時代裡，真有可說之處。

故事之一，當年另外一株老木蘭被伐倒消失的地方，「山水」動員來歌星劉若英，和專心看護木蘭王的村民陶婆婆一起，栽下了一棵新的木蘭——就在陶婆婆家的菜園裡。這棵木蘭纖細瘦長，卻已經栽下好些年了。它長到三、四米高，樹徑應該還沒有十釐米。陶婆婆說，這樹要十年左右才能開花。難怪它會變得珍稀，難怪它難以自然恢復。

故事之二，這棵這麼老的樹，每年農曆三月，都會生氣蓬勃地放出紅花萬朵，早被村裡人視為神樹，享受香火，且真的有求必應云云。傳說，「文革」前，樹下還有一座廟。到了毀廟的年代，村人把菩薩像嵌藏在巨大的樹身中間。不幾年，樹身竟把這菩薩像包裹起來。如今村民們拜樹也就拜了菩薩，自然就免了重新建廟的辛苦。

這幾日，樹病了。我們去之前，當時林業部門的技術人員剛給樹看過病。據說無大礙。木蘭王生病，會診，開方也做為一個故事上了成都的報紙。

在這兒，還聽到一句讓人感動的話，是和陶婆婆新栽了康定木蘭的歌星劉若英說的。再上路的時候，「山水」的項目負責人李先生一邊開車、一邊給我講這個故事。他說，本是他給她講生態與環保的重要性。這些都是大道理。講的人自嘲，自己講的時候也覺得有些大而無當。但這位歌星如此總結，「如果說這世界是一點一點在變壞，那我們做的這些事情，就是讓世界一點一點變好！」我想這是一種會心而熨帖的說法。

離開木蘭王，我們在漸漸濃重的暮色與濃霧中翻越雅加埂。這條線路，我以前走過，看著車窗外熟悉的景色，我認出了自己曾經拍過杜鵑、拍過瑞香、拍過點地梅和金脈鳶尾的那些地方。

康定。他們和當地林業部門交流。

我離開這個團隊，和當地文學朋友聚會到深夜。

第二天，又跟大家一道出發。

翻越折多山時，風裹挾著細細的雪霰。這是我們這天翻越的第一座雪山。然後，我們下到了深谷。那些深谷中，青稞地裡的莊稼已經收割了。陽光出來時，有成群的紅嘴鴉和野鴿在留著金黃麥茬的地裡起起落落。就這樣，我們穿過一個又一個房屋間聳立著巨大核桃樹的村莊。山坡上，成林的白樺樹一片金黃，而那些樹形優美的楊樹紛披著黃葉站立在公路與河岸之間。那是一個個講藏語木雅方言的村莊。貢嘎山就為這些操木雅方言的村莊所環繞，因此這座雪山的全名叫做木雅貢嘎。我們從貢嘎雪山的東面進入，現在我們來到它的西面，翻過折多山後，被河流引領的道路又轉而向南。這條線路的一半曾經走過。繼續往南的一段，我也是第一次來到。在一戶熟悉的農家午飯。不是我熟悉，而是「山水」的朋友們熟悉這戶人家。飯後，他們交談，我拿著相機拍村邊清澈的小河、拍路邊盛開的黃花亞菊、拍村子對面漫坡的白樺林。那片白樺林間，還站立著許多枯死的雲杉與冷杉。我猜，多年前，這片森林曾經猛烈燃燒。問村裡人，說那場大火是二十多年前了。但現在，茂密的白樺從河邊一直蔓延到山梁上，一派金黃，彷彿一曲交響樂中最絢爛的華彩。這片白樺林也說明，大自然其實具有非常強的自我修復能力，真正可怕的是人類一而再、再而三的干擾與破壞。如果人類關注方法不對，大自然寧肯我們將其遺忘。

一個英國人在他的書中寫過這樣一段話，他說，人類對自然的錯誤在於，我們「確信植物界每一部分的設計都是為了服務於人類的利益」。這個人還說：「對自然界的一切觀察都需要利用智力分類，藉助於它，我們這些觀察者對周圍眾多的現象進行歸類、排序，否則就難以理解。」但就是這種歸類與排序，曾經強化了人類的優越感，科學至上主義有些時候也曾經鼓勵了一種超級的實用主義。我想，「山水」所做的工作，他們的「生態公平」，就是科學對自身的警惕與反思。生態公平，我想，首先就是眾生的平等。這個眾生，不該單指不同的人、不同的族群，而是地球上的所有生命。也曾和一些僧人討論過，佛家所說「一切有情」是否包括植物，大多數說，包括動物，不包括植物。也有這樣的表達，「應該包括，但好像沒有」。今天，人類或者說一部分人類已經開始覺悟，「一切有情」是指地球上所有的生命形式。

午飯後，我們開始攀爬第二座雪山——子梅埡。

谷地裡陽光燦爛。高山草甸一派金黃。其間片片蔓延的灌叢葉子都變紅了。那是以多刺的小檗和鮮卑花為主體的植物群落。海拔上升。濃霧與冷空氣開始從雪峰頂上一瀉而下。公路進入小葉杜鵑密布的地帶時，四周就只有積雪與濃重的霧氣了。我們打算翻越的山口海拔高度四千五百米。計畫中，我們將從那裡下降到山的那一邊。山那邊的峽谷裡有一個叫子梅的村子，十戶人家六十多口人，占地卻有一千多平方公里。這些年，每年都有數以千計的背包客去到那裡，經歷，穿越，自然，也擾動了那裡亙古的寧靜。如果植物面對人類還雍容地保持著平靜，但野生動物卻是容易被擾動的。「山水」在那裡設有一個觀察點，同行的一個小伙子，就在那個村子裡待了一年時間，觀察被擾動的動物與那個村莊，幫助村民學會如何接納那些造訪者、如何收拾他們帶進來後並不打算帶走的東西——垃圾。用「山水」的專業表述，叫做「創新社區保護地可持續保護管理模式」。知道我們一行將去造訪，子梅村的村長翻過雪山，到這邊的鄉政府來等待。當我們到達海拔四千五百米的子梅埡口時，雪停了。霧氣漸漸散開。這時，隔著一條寬闊的峽谷，貢嘎山又衝出霧氣矗立在我們面前。這是我第一次，從這個方向打量這座偉大的雪山，木雅貢嘎。很快，霧氣再次席捲而來，雪山，和周圍的一切再次隱入雲霧。

在這樣惡劣的氣候條件下，不是所有車都能下到山下，又重新返回山上。最後，只有一個小組去到山下，去檢查他們這個專案點的運行情況。我們大多數人回頭。穿過剛剛經過的峽谷，我們又來到了下午的陽光下，然後從另一座雪山腳下開始新的攀爬。

這是一天裡開始攀爬的第三座雪山——雞醜山。不喜歡這個名字。問同行的當地人，曾在「山水」工作過的尼瑪，這名字是什麼意思。回答是不知道是什麼意思。我是說，藏語裡的意思。因為只從字面看，漢語裡的名字已經自然顯現。是的，我喜歡這座山，但不喜歡這不美好的名字。這座山真是漂亮。杉樹林沉鬱，樺樹林明亮。然後，在夕陽的光瀑中，森林消失，草甸和灌叢出現。然後，陽光消失，霧氣再次四合而來。風嘶吼，雪飛舞。我們上升，到達某一個高點，然後，疾速下降，奔向另一道峽谷。另一個故事。

另一個故事的主角也是一種珍稀植物。

植物的名字叫五小葉槭。

這個故事中有一個植物獵人熟悉的身影——洛克。如今他的故事廣泛傳播。就是這個人，二十世紀初，他在橫斷山中發現了這個樹種，採集了標本，再後來，一個德國科學家命名了它。那時，這個物種就稀少，到今天，這個物種就更加稀少了。於是，將近一百年後，一個中國植物學家開始尋找。最後，在這個峽谷的低處，海拔兩千多米的狹窄山谷中間與這種植物相遇了。在大山裡，這個海拔高度上，兩邊的山坡會突然陡峭，原來開敞的峽谷突然變得很逼仄。連帶著，道路也會跟著變窄，而且，時常被塌方阻斷。植物學家在山裡轉悠很久了，但那種植物一直沒有現身。當他到達此地時，五小葉槭們就在湍急河流對岸的山坡上。那是一面相當陡峭的山坡，這樣的山坡上，肥沃的表土總是流失殆盡，露出風化的岩石。山坡下面，是幾塊斜掛在坡上的莊稼地。這樣美麗珍稀的植物似乎不會出現在這樣的地方。可是，當植物學家被阻在路上時，一位農婦經過，植物學家從這位農婦的背簍裡發現了一段青枝綠葉。他眼前一亮，因為它那一簇狹長的五枚葉片。於是，植物學家發現了它——五小葉槭！路上，我一直在想像細節。因為農婦不會只在背簍裡裝一段樹枝，她一定是用它遮蓋什麼。是剛採摘的櫻桃，還是新鮮蔬菜？那段樹枝折下來，只是給她辛勤得來的收穫物提供陰涼、保持新鮮。但這樣的細節已經不重要了。故事不會重現所有細節。故事的主題是關於發現。植物學家就此發現了珍稀植物。然後，一個水電站在此開工。電站的出水口被設計在這片有著成十上百棵五小葉槭的山坡上方。植物學家奔走呼籲，並得到當地政府支持，也得到施工方的理解。水電站的設計得以修改，出水口挪動了一、兩百米，工程造價因此增加了上百萬元。然後，那些稀有的樹才沒有被工程產生的礫石與土方淹沒。五小葉槭得以繼續在那片陡峭貧瘠的山坡上繼續生長。

我們在越來越濃重的暮色中上山，可以看到五小葉槭朦朧的輪廓。打開相機的閃光燈，也只能拍下樹的一些細部。它扭結虯曲的樹幹。一枝葉柄上伸張的五片狹長葉片。它輕盈的翅果。

天黑透了。加上是陰天，沒有天上星光輝耀，樹就在面前，卻什麼也看不見了。

一行人摸索著下山。村民把我們帶到一戶人家的菜園。這其實就是從陡峭山坡上硬闢出的一條幾米長、一兩米寬的小台地。僅此一點，也說明人在這狹窄山谷裡生存的艱難。但是，這塊小小的菜地讓給了樹。這塊菜地的主人自己收集種籽，播撒在自己的狹窄的菜地中，看著它們出苗、抽莖、伸枝、展葉。從就在近處的電站廠房彌散過來的燈光中，可以看到那些樹苗已經長到一米多高了。它們是那麼密集地擠在一起，彷彿密集的箭竹。我們這一行人出現在偏僻的山村，引來了許多村民，擠在這戶在菜園裡成功繁育了五小葉槭樹苗的人家並不寬敞的院壩裡。他們在感嘆，這種樹命好，將來肯定像大熊貓一樣。主人是個三十多歲的憨直漢子。我想，他就是「山水」著力培養與支持的「鄉村綠色領袖」。我問他為什麼栽這些樹苗。他說，聽說這是很珍貴的東西，就採些種籽，沒地方種，就種到自家菜園裡了。他的鄰居替我推測，將來這些樹苗會值多少錢。但這個漢子笑說，當年哪個知道是那麼寶貴的東西啊。這樹長不大，生不出可以蓋房架橋的有用之材。而且，砍來燒火都不行，因為木質堅硬、紋理糾結、斧劈不開。因為無用，所以倖存。村民們說，就是葉子紅了的時候，十分好看。他們替我們遺憾，早來了十幾天，不然就能看到它最漂亮的樣子了。

將近十點，我們在九龍縣城的小飯館裡吃晚飯。

晚餐也是熱烈的討論會：能為這樣的珍稀樹種做些什麼？怎麼做？

簡單歸結一下，一派是原生態派。就是這些樹生於荒野，人工育苗已經成功，剩下來的是，讓它們回歸荒野。也有另一派，可以叫做開發中保護派。就是發掘這種樹的價值，因為這種價值而使其廣布四方。有什麼價值呢？這個大家不約而同，觀賞價值。首先這種樹形態優美、葉形漂亮，秋天變紅後更加美麗。但這種培育需要相當的精力與時間。反對的聲音同時出現。如果這種樹的觀賞價值被廣泛傳播，那不等可以推廣的園藝種培育出來，原生地這一百多株說不定就被盜挖殆盡了。這樣的事有過先例。一個珍稀物種被發現，然後被標出高價，接下來就是瘋狂的盜採。今天的中國人，追求城市的繁華，卻要以荒蕪鄉野為代價。原來站在村前的大樹被移栽到城市的街頭。一塊長相奇偉的巨石，本來在荒野裡披著一身地衣與苔蘚。某一天，人們動用許多機械，耗用許多汽油，挖掘，起吊，搬運，來到城裡某個公司或機構的門前，剝掉地衣，拋光，刻字，完全出於身後高樓中某個人拜物的瘋狂。我自己就親見過，當城裡瘋狂愛上蘭草的時候，岷江峽谷中野生的蘭花就被採挖殆盡。植物因為珍稀被發現，但保護措施卻難以及時跟進。這種珍稀植物被發現後，造成原生地原生種消亡殆盡的名單還可以繼續拉長。

這兩派人誰說服了誰？至少在當時，沒有誰的意見成為壓倒性的意見。

我倒是想起那位農民的話，這種樹是因為其無用而倖存的。在山坡上，我看到那樹枝上結滿了種籽。那些細小的種籽包裹在翅形的莢果中間。那翅果真是漂亮。莢膜半透明，脫離枝頭時可以乘風滑翔。是的，種籽結成這樣，可不只是為了漂亮，而是為了乘上氣流，飛到盡量遠的地方，去生根發芽、擴展種群。但是，偏偏是這種能結出眾多種籽、而且是把種籽隨風播撒的植物的種群卻日漸凋零。這是一個祕密。或者，正在進行的保護性研究應該從此開始，而不是把種籽弄到苗圃裡一栽了之這麼簡單。但，這又不是「山水」這樣的組織能做的事情了。其實，早在二十世紀初，洛克們就把五小葉槭引種到美國，後來又引種到歐洲，成為著名的觀賞樹種。有資料記載，第一代引種的母樹中的最後一棵，已經於二十世紀九〇年代在美國死去，剩下的就是二代三代以後的園藝種了。

因為急事，我得離開，不能繼續與他們同行。起個大早，驅車趕到康定機場。一路上，林梢和山坡上鋪著薄雪。到康定機場，雪大起來，我待在候機廳裡，打開書，昨夜從山上採的一枚翅果現出身來。呂植發短信來，他們一行正在翻越另一座雪山，去雅江，考察他們正在進行的另一個專案。那是另一個生態問題，被保護的野生動物和當地農民的衝突。我沒有問她昨天的討論是否有了結果。

我想，很多事情，一時不會有結果。因為這不是「山水」這樣的民間環保組織的問題，而是整個中國的社會機制的問題，是公眾的啟蒙與覺悟。在這個高歌猛進的時代，這樣的問題往往被遮蔽。

而「山水」們的工作，在我看來，真正的意義首先是使這樣的問題得以呈現，並被一些人所關注，把一些關注這樣問題的人們連接起來，然後，才是他們在一個個項目、一個個案例中積累的寶貴經驗，成為這個社會普遍的認知與實踐。

# 平武記

# 厄哩寨的白馬人家

六點半醒來。窗外有敦厚沉重的山影。有月光，使得山梁上的樹影參差在灰色的天空下。

這景象提醒我不是在家裡。

家裡高樓的窗外是灰濛濛的城市虛空。

想起來，我現在是在四川省綿陽市平武縣，一個叫做厄哩的山寨。寨子附近的山林裡，鳥在鳴叫。穿衣起床時，有寒氣襲來。那鳥鳴也就冰晶一般，一粒粒落在耳邊。昨夜這裡燃了篝火、溫了蜂蜜酒、烤了羊與雞，寨子裡青年男女們圍著火堆踏歌舞蹈娛客。我開門來到院中，昨夜歡歌飲酒時留下的垃圾都打掃乾淨了。月亮在水泥地上泛著微光。出了院子，經過寨子的水泥公路也泛著相同的光亮。多半輪月亮掛在半天，靠東的天空中，有幾顆寒星綴在天幕之上。這是十一月的頭一天。昨夜臨睡前就決定要早些起來，我想看著這寧靜的村寨慢慢醒來。但在這高海拔的地方，寒氣不讓人徐徐散步，我繫緊鞋帶，開始慢跑。

我的右手邊，是依然沉睡的村莊。左手邊，是過去耕作過、如今已經退耕還草還林的平整荒地。一株株一叢叢大火草布滿荒地，裹著細小而繁多種籽的白絮被月光照耀，如矇矓的霧氣。荒地外面，是閃閃發光的溪流。溪流邊星散著一個個明亮的水窪。越過溪流，是山，是沉默黝暗的山林。

我跑過村子。眼前出現一些塑膠大棚。然後，柵欄出現。柵欄裡邊是收割後的莊稼地。兩匹馬立在寒氣中，頭倚著柵欄。村子已經在背後了。像山裡好多村莊一樣，河谷兩面的山陡然收窄，河流開始喧嘩。經過一道水泥拱橋時，我特意下到溪邊，聽到了冰層底下傳出清脆的水流聲。

昨晚，看過地圖，知道這條河有本地語言的名字——奪補。

昨天白天，上行十幾公里，去了這條河發源的雪山之下。現在，一切草木與土地的氣息都被凍住了，只有溪流帶下來的雪峰間的清冽寒氣撲面而來。抬頭遠望，雪山隱在起伏的山巒後，遙不可見。枯萎的草地上有霜，在腳下發出脆響，閃動微光。回到橋上，回望河谷下方的村寨。那些青瓦覆蓋的房頂在晨曦下自有一種動人的暗光。

我徘徊著要看著村寨慢慢醒來。

這是一個藏族人的村寨。一個白馬藏族人的村寨。

但村寨醒來是什麼樣的方式呢？雞鳴狗吠，炊煙升起？

星星隱去，月亮在越來越藍的天幕上漸漸黯淡時，某戶人家門前響起了發動汽車的聲音。一輛小貨車從院子裡拐上公路，向著河流下游，平武縣城疾馳而去。又一輛小麵包車在某一家人院子裡發動了。車燈明亮的光柱刺破黑暗，照亮路邊的一些景物，又迅即移動，將光柱中的樹、石頭、水坑與頂著白絮的成片的大火草留給更深的短暫的黑暗。是的，短暫的黑暗。因為天很快就亮了。我經過新修的村委會的樓房時，兩隻狗叫起來。這有點曾經習慣的鄉村清晨的感覺。但這兩隻狗很快就偃旗息鼓，把抬起的頭盤回胸腹間，睡牠們的回籠覺了。如今的村莊，陌生人來來往往太多，牠們已經不會太感到驚詫了。

天大亮了，村子醒來。好幾家院子裡都停著在此過夜的遊客的車輛。有早起的遊客在村子裡照相。我順著小路去到溪邊。看見一株花楸載著滿枝繁密的白色漿果站在溪邊。這時，那兩匹柵欄邊的馬打著響鼻、口噴著白煙向我走來。在幾乎凍住的冷凜空氣中，花楸上滿樹果子的香氣也被凍住了。只有兩匹馬和一個人，三個活物，因為身體中的熱氣而散發著某種味道。我聞不見自己的味道，但聞得見馬的味道。牠們肯定也聞到了我的味道。不然，兩匹馬不會把不斷掀動的鼻翼慢慢湊近我的身體。我伸出手，任牠們用鼻尖輕輕觸碰，那溫熱的氣息，彷彿細弱的電流，走遍了身體。就在這時，村莊醒來。一家一戶的屋頂上飄出了淡藍的輕煙。那是一塊塊劈柴在爐膛中燃燒了。爐子上的壺中，水咕咕地開了。

村莊醒來，凍不住的生活氣息開始彌漫。那是松木燃燒的味道、是爐子上新煮熱茶的味道。

正是對一杯熱茶的嚮往，讓我回到村裡，坐在了主人家的火爐邊上。

還沒坐穩呢，一杯熱茶已遞到手上。我打量這個房間。牆上沒有藏區老百姓家庭中那些宗教意味的裝飾。有一個健碩的女子與一個年輕男子的婚紗照。男子穿著樣式新潮的夾克，女子是潔白的低胸婚紗。我認出來，那年輕女子是昨夜在院中穿了白馬人服飾，前來土風歌舞中的眾多女子中的一個。我以為是主人家的女兒。主人說，是侄女。那張照片很有意思。兩個人擺出流行的婚紗照的姿勢，而且，還用了婚紗照常用的柔光。但那年輕女子的喜悅卻毫不掩飾，笑容野性而奔放。更奇妙的是照片的野性背景。大片的掌葉橐吾，撐開大片大片的葉子，那個提著裙襬的女子，那個伸手環抱著自己女人的男子，就站在一穗穗盛開的亮眼的黃色花朵中間。剛才在河邊，我還看見了大片槖吾殘荷般的枯葉。我笑了，那女子的表情，還有那大片盛放的黃色花，都還是深山裡野性十足的風情呢。

主人說，老年人是想他們按老規矩辦喜事，但年輕人越來越有自己的主意了。我問，請喇嘛念經嗎？主人搖頭，說，我們這個地方沒有喇嘛。喇嘛要到遠處去請。這時，男主人插話，人家說藏族人都信喇嘛。我們這裡沒有喇嘛。男主人又說，老輩人說，以前我們不曉得自己是什麼族。解放後，國家說我們是藏族。我們就是白馬藏族了。也有人說，我們不是藏族，是氐族。

我查過當地史料，這個地方的白馬人在沒有被認定為藏族前叫做「番」——「白馬番」。「番」不是一個科學的民族稱謂，是清代到民國期間對川西北地方少數民族的一個籠統稱謂。平武縣城以西是白馬番。再往西，是松潘。松潘以西是遊牧的安多藏族，那時也不被稱為或指認為藏族，而稱為「西番」。道光年間所修《龍安府志》說，奪補河流域白馬人分為六洞、交昔、闞坪、倉鶯、擦腳、水牛、彭信、蛇入、獨目頂、舍那六寨、多籍和額利等寨。昨夜，我們就住在額利寨中，不過以漢字譯白馬人的話音，如今卻寫作厄哩了。當時，這裡和四川其他藏區一樣，也實行土司制，由長官司一員管轄。長官司，即所謂土司中品級較低之一種。稱為陽地隘口長官司。《龍安府志》「長官司專轄寨落、戶口」條下，有關於額利寨的明確記載：「番目一名，番牌二名，番民十七戶，男婦大小七十丁口。」這是清朝道光年間，這個寨子的戶數與人口，現在顯然已有明顯的增加。

在昨夜住宿的人家，等待早餐時，我圍爐烤火，問正準備早餐的主人，那你以為自己是什麼族？

不曉得，國家說是什麼族就是什麼族吧。

我想起昨天晚上，主持晚會並兼獨唱的那個年輕女子。縣裡的幹部都認識她，叫著她一個漢族名字，並說她出去參加過很多電視選秀節目，得過一些獎項。她如今是平武縣的旅遊形象大使。歌舞結束時，大家圍爐向火。她往我電話裡輸了個本族的名字：嘎泥早。交談中，她知道很多演藝圈中的事情。她不是厄哩寨人，只是這裡有了遊客，便來幫助主持一番。她是水牛寨人。不過，水牛寨已消失在一個水電站的蓄水庫中了。嘎泥早說，以前，水牛寨是奪補河沿岸最大的白馬寨落，水庫蓄水淹沒了原來的村寨，水牛寨的村民遷徙後已經一分為三。我問她遷移後村民生活如何，這個歡快的女人憂慮起來，她的寨子有一個針對遊客而成立的旅遊公司，她自己就是那個公司的董事長。不過，這裡的旅遊還沒有真正發展起來，所以公司經營並不景氣。她問我，遊客真的會越來越多嗎？我當然給她肯定的回答。其實，這是一個我並不確切知道的問題。她還說，好些人家不會計畫，拿到房屋與土地賠償，還沒有準備好新的生計，錢很快就花光了。

夜深了，她還很熱情地和同行的作家們調笑飲酒。我告辭，回屋休息，準備今天的早起。昨天到得晚，從山上的風景區下來，村裡已經家家掌燈，村邊公路上，太陽能路燈也發出了光亮。我要趁早餐出發前仔細看看這個村莊。

平武當地志書詳記過村寨的建築，「番民所居房屋，四圍築土牆，高三丈，上豎小柱，覆以松木板，中分二、三層，下層開一門圈牛羊，中上層住人，伏天則移居頂層。」但那是有清一代的記述了。今天的村寨模樣已經完全改變。首先沒有人再把牛羊圈在家裡。房屋四壁也不再夯土為牆，全用木材構建。結構也由四方的堡壘式變得開敞，或為曲尺形，或為「凹」字形。這樣的布局正好在大門前形成一個開敞的院子。院子都用水泥做了硬化處理。昨晚，大家就在這樣的院子裡踏歌舞蹈。白馬人家庭不大。看平武縣志中人口材料，自古以來，每戶人家平均四、五口人，至今變化不大。但現在的每戶人家都房屋高大，自用之外，闢出若干接納遊人的客房。昨夜，我們一行四、五十人，在一戶人家中就安頓了。寨前路邊，豎有一塊厄哩寨旅遊接待圖，我一一數過，上面標出可做旅遊接待的人家就有二十來戶。

離開厄哩寨時，再次經過昨天奪補河上那個回水倒灌了十好幾里地的水庫，和我同座的本縣作家阿貝爾指點那一峽碧水，說這下面曾經有一個白馬村寨，那裡水下，也曾有一個白馬村寨。其中一個，就是嘎泥早的村子，水牛寨。聽說這個電站已經發電，每年給平武貢獻的地方稅便達上億元之多。但沿水庫的公路還在修築中，汽車搖搖晃晃，十多里地竟費時一個小時。駛出庫區，路邊不太開敞的地方有一個新村。一幢水泥樓房上寫著大大的漢字：岡拉梅朵。這個名字是真正的藏語，不是白馬方言的語彙。阿貝爾說，這就是嘎泥早現在的村莊。沒看到新村的名字。我想，那該就是嘎泥早的演藝公司演出的地方。這也是一種文化現實。一方面，白馬人對於自己的族屬充滿疑問，但既然被規定為藏族，他們也便在某些地方對典型的藏文化特徵進行著複製與模仿。昨夜的歌舞也是，既有白馬人自己的歌唱與舞蹈，更多的是對藏族其他地區如康巴、如安多、如嘉絨歌舞的複製與模仿。

車駛過水庫，路也順暢了，很快便來到了白馬藏區的出口。

出口上，有一個新修的山門。山門背後，是一座突起的小山包。當地人說，這是白馬藏族信奉的神山。我問山名，說叫白馬老爺。而在平武地方志辦公室曾維益編撰的

《白馬土司家譜》中，這山還有一個名字葉西納摩，也是有著濃重藏文化意味的名字。叫白馬老爺，依照民族學一般規律，是白馬人對此山的尊奉，自然崇拜之外，恐怕還包含著隱祕不顯的祖先崇拜。叫做葉西納摩，又顯露出藏文化明顯的影響。納摩在藏語中，是女性神名。那麼，這山神又從父性的老爺而變為母性的神祐了。有幾個女人在山門口擺攤，賣些常見的旅遊產品，我問看上去年紀最大的女人，葉西納摩是什麼意思？她搖搖頭，表情茫然。今天的神山，長滿低矮灌木。但據當地史料，二十世紀五〇年代，這裡還有參天古木，被白馬人奉為神木。後來，開進白馬地區的國營伐木公司中的勞改犯砍伐時失火，原始林被燒燬，今天布滿這個山崗的，只是禁伐林木後長起的次生灌叢。問當地年輕人，他們還記得聽老人說過當年焚毀神山的林火。

# 木瓜番與虎牙關

兩個小時後，我們從奪補河與涪江正流相會處，來到涪江正流。經過一個叫做闊達的地方。

闊達，如今的建制是一個鄉。

翻看成書於一八四〇年、新印於一九九六年的《龍安府志》，未見與闊達一地相關的記載。倒是書後附有今人曾維益編寫的〈平武縣建置沿革志〉一篇，有闊達鄉條。文中稱「闊達鄉位於縣境中西部。在明清時期是白馬番人的聚居地。白馬語稱該地為『格達』，明史稱圪答壩，民國時期松潘人文為富嫌其名不雅，著文稱該地因居高阜，地勢平曠，上通松潘，下達龍安，闊而達之，稱闊達壩。」

其實，此地已全無藏文化的任何氣息。但歷史上，這地方也的確是藏區東北部面臨漢文化區的前沿地帶。至少從明清以至民國，一方面有大量漢民遷入，一方面，當地

「番民」一面不堪歧視、一面也生出「向化之心」，無論房舍建築、語言服飾都不願以「蠻子」面目示人，漸漸隱去了所有藏民族特徵。這也是中國這個國家在不同文化交接地帶常常呈現的現實狀況。不是今天才如此，而是自古而然。這個文化進程，甚至不以國家政權的強大與否來決定，而是當不同文化分出了文明的快慢時自然而然的一種現象。沒人解讀時，就默默發生；有人解讀了，便化學反應一般引起些情感的激蕩。

出乎意料的是，同行的當地朋友說，這鄉近年來，又掛上了藏族鄉的牌子。我沒有問這是什麼時間發生的事，此地恢復了藏族鄉的建制，也不復再現藏文化的面目。我感興趣的是，既然掛了藏族鄉的牌子，如今的居民如何再做族屬的甄別？聽到的消息是自願。也就是不論過去是什麼族別，凡此地的土著居民，願意改漢為藏的，一聽其便。也問改了族別的人，他們似乎也沒有認祖歸宗的情緒，只說為孩子上學可以享受照顧分數云云。其實這種情形，改革開放以來，在四川盆地邊緣，漢文化與其他民族文化交接地帶，這樣的事實並不是一個孤例。

過闊達鄉西去，溯涪江而上，過去的驛道與今天的公路都直通松潘。涪江源頭便出在界於松潘與平武兩縣間的岷山主峰雪寶鼎下。我們的目的地是虎牙藏族鄉。這一帶居住的是藏語安多語系的農耕的藏族人。他們語言習俗均與白馬人不同，他們是沒有爭議的藏族人，與雪寶鼎西面的松潘安多語系的藏人為同一族屬。用當地古代史籍中的話說，都是「唐時吐蕃遺種」。

平武縣西北，以涪江為界，解放後都認定為藏族的人，其實分為兩支。一支是在涪江西南的虎牙和泗耳兩鄉為中心的地帶，為安多語系的藏族。另一支在涪江東北，奪補河流域的白馬、木座、木皮三鄉，外加黃羊一鄉，是白馬人世居之地。查平武縣志，其中附有一九五六年《中共平武縣委關於在藏區進行土地改革工作方案》檔一份，對於當時平武縣藏區情況有這樣的歸納：當時平武藏區共六個鄉（部落），全部戶數為一千兩百五十三戶、五千四百四十人，其中藏族三百六十六戶、一千六百三十七人。「其中，白馬是藏族聚居區；虎牙、木座、泗耳是漢藏雜居區；白熊、黃羊雖有少數藏民，但生活習慣均與漢族同，民族特徵已不顯著。」古代史料中，這兩種民族稱謂也各有分別。白馬人叫「白馬番」，其餘安多語系的藏人被叫做「木瓜番」。

來到虎牙，已見不到奪補河流域白馬藏區那樣顯明的民族風情了。

倒是越來越陡峭深削的峽谷風光頗為幽深壯美，值得一觀。湍急溪流深切谷底，陡峭處喧嘩著翻湧雪浪，迴旋處，一潭幽碧，令人望之心生寒氣。虎牙今天是鄉名、過去是山名，也是一個古驛道上的關名。民國年間所修《松潘縣志》，「虎牙山……岩石鑿鑿，如虎張牙，與象鼻山並峙，下置關門。」今天的公路劈懸崖而成，當地人說，舊關口在公路的上方，仰頭張望，除了看見更高的懸崖，看見懸崖上盤根斜欹而出的樹，和樹後的一線天空，舊關隘無從望見。走在這樣的深峽裡，公路狹窄，每每為了相向行駛的車輛不能錯肩而過，耗去不少觀光的時間。也正是因為道路不暢，車終於未能到達我期望中的目的地——我想像可以眺望見岷山主峰雪寶鼎巍峨雪嶺的地方。

在平武，夜來無事，小酒之後，讀當地史料，更添豐富細緻的現場感。

這就是我喜歡在歷史發生的所在地讀當地史的一個重要原因。這不，曲折險要的驛道之上，那些後綴著堡、關、口、營等表示守禦之意的字樣又一一在史料中顯現。夜已深沉，但並不安靜，什麼地方還傳來今世之人的K歌嬉戲之聲。

明代的文字，「國朝制馭羌番，其法甚周，以維、茂為松潘南路，調右參將主之，以龍、綿為松潘東路，設左參將主之，協調松潘總兵，守遠道，遏遠人。」這裡的「龍」，就是平武的舊稱龍州。而我白天行經之處，正是古代松潘東路的中段。

當地史料中有《夏毓秀轄夷口修路碑》碑文，描述古道難行之狀甚為詳備。「轄夷口者，舊傳為古人禦夷要地，懸崖疊嶂，上阻溪流，山麓尤險，然東達龍郡，西達松州，實行旅之必由道也。夏秋山水暴漲，橫截沖刷，每令行人躑躅。向來架木為橋，雨淋日炙，旋修旋敗，俯而窺之，深邃幽黯，渺不見底，偶然失足，人畜皆無幸。」可以做為佐證的是，縣志上說，民國年間，省教育廳一名任視學的官員到平武視察，坐轎過狹窄山路，轎子與山崖相觸，結果人與轎皆跌下懸崖，淹死江中。當時的縣長，還為其在平武縣城召開了追悼大會。當然，這位視學老爺翻了轎子的地方並不在虎牙關這一段，但那時進出平武，山路之險可見一斑。

這位夏毓秀，當時做著什麼官，碑文無載，但這個轄夷口緊挨虎牙關卻是事實。碑文上說「己丑春間，余往小河營，查修城工、堤工，取道於此，踏勘山勢，以期化險為夷」。決定修整道路，但百姓願意「輸力」，卻缺少資金，於是，這個夏姓官員捐俸銀七十五兩，並帶動一位軍官（遊擊）陳時霖捐銀二十兩，有了這兩位官員帶頭，「以後捐資接濟不絕。自春徂秋，遂竣其事」。放在今天，比起那些上任管了交通就前仆後繼腐敗的廳局長們，這位夏先生，可以放心地任其做交通部長。

# 中國最古老的土司制

翻檢當地史籍，只有一個目的——在像平武這樣不同民族、不同文化交融的地帶，除了現時段的抵近觀察，更要掌握盡量多的材料，具體而微地觀察文化的流變。

這一切似乎可以在有關當地的土司史料中找到答案，但這是文化變遷的真正答案嗎？面對歷史無聲的運行，誰又敢說得到了真正的答案？但至少，平武舊時的土司制度相較於其他流行過土司制的藏區，其獨具的特點真是值得一說。

過去，川西、川西北的土司，都是由當地少數民族的豪酋擔任。但平武此地，舊稱龍州府的地區，土司卻是由外來的漢官擔任的。這是當地土司制的一個特別之處。再一個特別之處，就是這裡的土司制歷史最為悠久。一般而言，土司制起始於明，在清代形成完備體制，並在中國西南部各少數民族地區廣泛施行。但平武的土司制卻起始於南宋。

我來平武，是因為這些年來我考察的題目之一——藏文化內部的文化多樣性。也就是來實地感受白馬藏人的實際情形，不意間，卻得遇平武這種創始更早、並以漢官轉任土職的特別的土司制。

這個土司制的創立之早，早到南宋理宗時期寶慶二年——西元一二二六年，南宋朝廷便在此地設置龍州三寨長官司。首任土司王行儉。

據《白馬土司家譜》，王行儉本是揚州府興化縣人，進士及第後，朝廷派遣其遠赴四川出任龍州判官。因「在任開疆拓土、興學化夷、創建城垣有功」，被朝廷冊封為新置的龍州三寨長官司長官，轄制境內少數族人，並准許其子孫後代世襲。王行儉由任期有限的流官，轉任可以祖孫世襲其職、永久宰治當地少數族群的土官。

進士王行儉原任龍州判官，是監察性質的職官，改任土官後，職權擴大許多——「管轄關、寨，及番民種類、戶口、生業、服色、嫁娶、死喪、風俗俱全」，儼然是一個土皇帝了。

其實，「開疆拓土、興學化夷」有功，這是表面的理由。真正的理由是那時蒙古鐵騎統一北方後，正大舉迂迴南下，四川全境已然成為南宋抗擊蒙元大軍的最前線。地處川邊的龍州更是前線中的前線。當時的龍州築有堅城，而城外四野，高山深谷構成自然天險，蒙古軍久攻不下。周圍很多地方失陷後，龍州的戰略地位更為突出。當時，面對蒙古大軍的猛烈攻擊，肩負龍州守禦重責的軍事主官獻城投降。判官王行儉本是負有監察之職的文官，卻拒不投降，率眾別築城垣抵禦元軍。南宋朝廷授予他這個流官以世襲的土職，一來當然是因為其拚死抗元，二來也是意識到，朝廷已經沒有給他更多實際援助的可能，便以賞地賜民的方式來予以鼓勵。這一時期，南宋朝抗元，越來越力不從心，便意圖以此舉措，動員更多的民間力量參與抗元。當時，就有官員上疏皇帝，建議在那些已然淪陷或將必淪陷的地方，「擇其土人可任一郡者，俾守一郡，官得自闢，財得自用。如能捍禦外寇，顯立雋功，當議特許世襲。」這篇上疏叫做《論一時權宜之計疏》。

看來這樣的權宜之計，至少在龍州當地，是收到良好效果的，不然南宋朝廷不會在三十九年後，即南宋度宗咸淳元年——西元一二六五年，又在龍州當地，賜流官龍州知州薛嚴為龍州世襲土知州。這一次的理由就很直接了，「守城有功，遂賜世襲。」

薛嚴，祖籍山西。其家族後遷移山東歷城，又遷移到四川臨邛。薛嚴本人一二二六年中進士後，到龍州任知州。因拒戰蒙軍、堅守城池有功，而得世襲土知州之職。

不想一時的權宜之計，卻固化為一種制度傳之久遠。

王、薛兩家流官變成世襲土司後，真的堅持抗元，直至周圍地區均陷落，龍州一地成為孤島，仍然堅持抵抗。西元一二七六年，蒙古大軍兵臨南宋首都臨安城下，南宋皇帝趙㬎派大臣求和不成，被蒙軍俘獲，南宋王朝事實上滅亡。王、薛兩姓土司這才停止抵抗，歸附元朝。

元朝沿宋舊制，仍准其世襲土職，繼續其對封境之內土地人民的宰治。以薛姓土司為例，薛嚴歸附元朝後，「仍知龍州」。元成宗大德四年——西元一三〇一年，薛嚴於七十多歲高齡病故，「薛子薛子和，大德四年襲任」。

元順帝元統元年——西元一三三三年，薛子和之子薛惠成，「襲父前職」。順帝至正元年——西元一三四一年，「征服松潘番夷，功升宣慰司」。

到了明洪武二年——西元一三六九年，又是改朝換代的時候了。「潁川傅友德帥師平蜀。由陰平入蜀」。當時薛家世襲土司位的叫薛文勝，遇明軍「首先率眾歸附，供給軍儲，指引道路，總兵官錄其功，仍令在職鎮守邊防」。又是明朝委任的土官了。

這時的王姓土司已傳位到一個叫王祥的人，他「首率番夷歸附，助運糧儲，開設龍州，仍授原職，從祀名宦」。

再到滿人入關，明王朝崩潰，此時的薛家在位土司叫薛兆選，即於清軍到達龍州之時，「淨髮，帶出番寨難民」投誠。「蒙賜紅花獎勵，管理番寨」。時在清順治六年——西元一六四九年。

也在同年，王姓土司「率番夷投誠，仍襲長官司之職，防禦陽地隘、黃羊關等關，管轄白馬路十八寨番夷」。

這時，王、薛兩姓土司在今天的平武一地，已世襲統治部分「番地」三百餘年。此一時期，川邊一帶藏族地區的土司制才開始普遍施行。

這時王、薛兩個曾在中國南北東西數度遷移的家族，固守在平武這個漢文化的邊緣地帶已然好幾百年，日益土著化了。

總體上，他們還是努力維護和加強與中央朝廷的聯繫。

明朝宣德年間，土司王璽與薛姓家族的薛忠義奉四川巡撫令，同率土兵進松潘「平羌亂立功」，詔升龍州宣撫司。同年冬，和薛忠義同入京城獻馬謝恩，皇帝賜觀燈山。王璽因征松潘有功，朝廷獎給白銀四萬兩。王土司便以此銀建平武報恩寺。王璽在位時，此寺未能建完，其後代接著修建，前後凡二十年。此寺至今天，在我看來還是平武最有價值的景觀。歷經動盪年代，居然未被兵災火焚，處於龍門山斷裂帶上，經歷幾次大地震，也未受大的損壞。

此行前去參觀，這座明代建築正在進行汶川地震後的大規模整修。寺院的建築，佛菩薩造像，以及至今還可以自如轉動的收藏了整部《華嚴經藏》的藏經閣，其顯現的高超的營造水準、深具美感的藝術匠心，既顯示於整體建築的布局，更體現在每一個構建的細節上，令人嘆為觀止。大殿上的三世佛，與千手千眼觀音，那種深具悲憫與同情的美，細細觀瞻，比之那些懷了具體的祈求，並希望這些世俗祈求儘快實現而大燃香火的信徒們，自然更會讓人心生善念。所謂「佛即是心，心動則覺」是也。是的，那些燒著粗大香燭的人們並不讓我喜歡。我相信，那多是現世利益的猛烈祈求，而不是為了世界與生命的平靜向善向美的舉意。而且，我得說，導遊的解說也太多推測與附會，同樣不令人喜歡。參諸史料，王氏土司幾百年間的事功，以及有關報恩寺建寺與維修的碑記，我以為所謂王璽欲比附北京皇城而建宮殿，後來又欲脫僭越之罪的說辭，就有些戲說的成分了。

三代後，王璽孫女嫁給在明代與後世皆有大名的楊升庵。今天，報恩寺門前所懸「敕修大報恩寺」幾個遒勁嚴正大字，就是楊升庵手書。

今天，這個寺院其實就是一個完整精美的古建築遺存，一段歷史見證，其宗教意義，已經蕩然無存了。

向附中央是主流，但也有叛逆的時候。

明代嘉靖四十四年——西元一五六五年，土司薛兆乾聚眾叛亂，王姓土司因不肯附逆，全家被殺，僅兩個兒子「藏於番寨得免」。世襲土司一脈，得以流傳。叛亂被平定後，薛姓土司全家二十餘口無論男女老幼盡數被誅。以後的薛姓土司已是旁枝斜出了。

民國二十九年，試圖改土歸流，廢土司，實行保甲制，派任外籍漢人充任鄉保長。但民國期間，邊政糜爛，政事虛浮，土司的實力及其對原轄地的控制並未受到大的影響。於是，被剝奪的權力又很快恢復如初。

平武王、薛兩姓土司在解放後終於消亡的過程，值得一說。

一九四九年，王姓土司組織兩百餘人槍組成「黃羊關自衛隊」，宣布起義，平武宣告和平解放。曾維益先生在〈白馬土司消亡〉一文中，錄得當時白馬土司王蜀屏與轄下白馬人番官〈給松潘各部落的信〉一封，可以察見當時的形勢與時人心理，照錄如下：

土官閣下及藏胞兄弟姊妹們：

我已得到文縣解放軍的信和今天解放軍來城，共產黨已與二十四年（指民國二十四年長征過此的紅軍）不同了，尤其是對我們藏胞，說依然是照我們的舊土司番官制，信奉我們自己的教，不拉夫出款，所來的解放軍都很和藹，連我們平武的衙門都未駐紮。我們在這裡已駐守二十幾天了，現正準備去打胡宗南的敗匪，繳得的槍枝，說就交給我們，所以我們很喜歡。等到我們槍得到後，我們就回白馬路部落了，希望你們不要害怕，出來大家幫忙，說這下共產黨最為關顧我們，這幾天看來是確實的。

王土司所屬自衛隊，曾被派協同解放軍同胡宗南殘部作戰，這信應該寫於參戰途中。土司武裝配合作戰時繳獲槍枝亦歸自己所有。

後來有一個重要的插曲，當年五月，平武縣政府強行收繳土司土區槍枝，土司王蜀屏被扣押。後經川北行署糾正，王蜀屏被釋放，幾月後，行署又指示「所有白馬藏區的槍枝全部發還」。

此後，白馬土司王蜀屏和轄下白馬人上層代表，出席四川省川北區第一次各界人民代表大會。參會的平武少數民族上層代表上書要求，恢復在民國年間形式上已廢除的土司制。這一要求居然得到批准。當時川北行署批示同意，「平武藏胞居住區可依原有慣例，恢復部落制度。」

這也是白馬人在歷史上首次以藏族稱呼示人。關於白馬人正式劃入藏族的經過，《平武縣志》有這樣的記載：一九五〇年中，平武縣召開「平武縣藏族自治委員會」成立大會。白馬土司王蜀屏被任為主任委員，下轄白馬人寨落番官數人出任委員。土司制以這樣一種新形式短暫恢復。一月後，該委員會又向鄰近今屬阿壩州的松潘和南坪發送〈致藏族兄弟姊妹的信〉，油印之後，廣泛散發。也照錄於後：

藏胞兄弟姊妹們：

平武自解放以來，我們藏民就親自參加解放事業，共產黨認為我們藏民很有功勞的，最近召開的川北各界代表會議，約了我們去參加，這回我們硬是看到了共產黨的好處，胡主任（等於以前的省主席）就親自招待我們，劉部長（大客巴）親自給我們點火吃菸，又派汽車到處叫我們去耍，從來沒有見過的機器在廠都見過了，你們想，這是我們以前未見過的。回來時，又給我們縫綢衣服，送的花布和綢子，又叫我們自己人管自己，又借給我們三十萬斤包穀，叫我們養羊餵牛，還跟著給我們辦學校，所有一切糧款都不向我們要。同胞們，從生下來就沒見過這樣的政府，希望你們往裡邊傳說，西藏裡頭還有不曉得的，還在受胡宗南和洋人的壓迫，這才是倒楣，這樣多年來我們活人連牛馬都不如，為啥我們還聽他們的話呢？或者有幾個人往幾回整我們最慘，現在還要殺我們，為什麼現在還要跟那些人走，我們說給你們，等那幾個人去跟他們吧！我們很多的百姓和我們的活佛，我們都來迎接我們的人民解放軍，共產黨和我們現在的大皇帝毛主席，好和我們平武一樣過好日子，因為我們相隔太遠，不能親自來說，長話短說，就寫這幾句話帶進來。

這封信的落款時間是一九五〇年八月二十九日。信中所說相當於省主席的胡主任，是時任川北行署主任的胡耀邦。

一九五一年，白馬部落開辦白馬完全小學。

同年六月，平武縣成立中蘇友好協會，白馬土司王蜀屏出任該協會辦公室主任。

十月，白馬部落設立衛生所，現代醫療自此進入白馬地區。

同年年底統計，平武藏區人均收入由上年的十七元，增至二十七元。

一九五二年春，平武藏區全面開展「禁菸肅毒」運動。

五月，川北伐木公司進入白馬原始林區勘察森林資源，緊接著正式成立森林工業局，開始大規模森林砍伐。至今，平武人還驕傲地說，當年建築寶成鐵路，鐵道所用枕木都由平武林區供應。

本年，白馬番官楊汝參加西南少數民族國慶觀禮代表團，並受到毛澤東周恩來等接見。

本年，白馬部落試種玉米成功，平均畝產一百四十斤。

一九五三年，「廢除舊有土司制，改建鄉村政權」的土地改革拉開序幕。「在條件未成熟前，暫行組織工農代表委員會，代行鄉人民政府政權。」同年年底，平武縣委研究確定需要長期保護的少數民族上層人士名單。

一九五四年，中國人民銀行在白馬部落成立營業組，這是白馬地區現代金融的開端。

一九五六年，中共平武縣委正式提交《關於在藏區進行土地改革工作方案》。這個方案迅即得到四川省委批准。當年八月，土地改革正式展開。主要工作任務是沒收、徵收與分配財產。一些民族上層人士被劃為地主富農。最後的結果，平武藏區包括白馬部落在內，共沒收、徵收土地兩萬餘畝，徵收房屋兩百多間、耕牛一百餘頭、家具六百餘件。沒收與徵收而來的東西，重新分配給貧苦農民。繼而進行民主建政工作。土司制正式廢除，建立了鄉人民政府。「根據中央關於少數民族地區實行民主改革後，不降低上層分子政治地位和生活水準的精神，對所有民族上層代表人物一律包下來的方針，根據其代表性的大小、各方面的表現和現實家庭經濟情況，分別在政治上予以安排，生活上予以適當照顧。」但同一份檔又說，「不予安排照顧的十七人，占整個上層（三十五人）的百分之四十八・八。」

一九七二年，白馬土長官司最後一任土司王蜀屏病故。

其實，王蜀屏之後，王家還產生過一任新成立的人民政府委任的土司。那是五〇年代初，新成立的人民政府新委任黃羊部落土司署土司為王文杰。他也是七百多年前的首任土司王行儉之後。不過，其在任時間短暫，自然也沒有什麼特別作為。倒是晚年，在平武當地史志研究者督促下，靠回憶重新整理了毀於「文革」的《白馬土司年譜》及《末代王土司回憶錄》。這次我去平武考察，正是這兩本資料，給了我莫大幫助。兩篇珍貴史料終篇後一年，即二〇〇〇年，王文杰先生就因病故去。一部上演了七百餘年的大戲也終於曲終人散。

# 一筆補記

去平武三年後，差不多是同一季節，我去與平武隔了一座山的九寨溝縣。縣裡的朋友問想看看什麼，我說去看看白馬人的村寨。於是，朋友便陪我去離縣城幾十里地的英各村。在這個白馬山村，看到了白馬人廣泛的自然崇拜。

村中廣場前一棵樹蔭廣大、樹幹得數人環抱的老櫟樹被村人崇拜。樹前的土丘上，連續不斷的香火印跡就是證明。

村口一棵樹，也被村人崇拜。這棵樹並不太老，也算不得大。問村人崇拜的因由，說是老一輩人有個頭熱腰痛的病，就去採那樹上的葉來做藥，差不多無病不治。而且，春天時滿樹繁花，灼灼閃爍在進村路口，特別美麗。我識樹不多，大致可以看出此樹是木蘭一科的。便問這花是不是像玉蘭，說像，那麼，就真是木蘭一類的了。

村人說，他們崇拜的，還有保祐全村的山。村子就倚靠在山的半山腰上。村民說，那山峰像極了一隻鷹，是這尊鷹形的山神護祐著這個村莊。但在這村裡的時間，天一直陰著，雲霧纏在山腰，那像鷹的山峰一直未露尊容。

出村莊過一個小山彎，有一小塊平地，有稀疏的樹林。說那是村裡青年男女嬉遊之地，林中高豎著一架秋千。

再往林中去，又有一個去處，低矮簡陋的建築中供著一個畫在木牌上的神，畫面有些模糊，卻還是能看清楚，是描畫在黑底上的虎。村長說，村人有事祈禱時，也有靈驗之處。

英各村屬勿角鄉，是九寨溝縣白馬人聚居的鄉。另一個白馬人聚居地是草地鄉。

看了村子，聽人談些掌故之外，又請人找了本地縣志來讀。又得到些白馬人族源的零星線索。知道白馬這個稱謂從漢代起就見於漢文史書。先叫做白馬羌，到了魏晉以後，又叫做白馬氐。氐人一族，在魏晉南北朝時，曾在中國歷史舞台上相當活躍。建立前秦，兵馬眾多可以投鞭斷流的苻堅就出身於氐族。史書記載，正是此一時期，隨著前秦在長安建立氐族人為主的政權，氐族移民關中者十數萬戶。

南北朝後，氐族便不再見於漢文史書的記載。我也不相信，所有氐族人，都在這一歷史時期中盡數內遷而融於漢族了。

在以後漫長的歷史時期中，今天川甘交界的這一地區，曾經興盛一時的吐谷渾人來過，再後來，強大的吐蕃軍隊來過。那時，吐蕃的軍隊編制不是今天的概念。它們是整個部落的移動。這顯示了當時吐蕃國王們的勃勃野心，兵鋒所指，不是短暫的掠取，而是長期的征服。史載，這些整部落移動的軍隊，都有永久不得西歸的命令。據說，今天白馬人淺盔狀帽子上裝飾的兩根白色羽毛，就是吐蕃軍人的標誌。在我看來，今天主張白馬人是氐族者，沒有考慮白馬人所居地區，正處於當代學術界普遍認定的民族走廊北端、歷史上不同民族頻繁遷移與交融這一事實。同樣，主張其為藏族者也沒有考慮這一走廊地帶多民族混血的事實。

歷史學家陳寅恪就梳理過漢文史書中關於氐族的記載。

他說：「白馬氐（武都氐）在《後漢書》列傳七六〈南蠻西南夷傳〉中，被列為西南夷之一。」

陳寅恪又據《三國志．魏志》的材料分析，「氐族自成為一個種族，既不與漢人同，亦不與羌人同。但深受羌漢影響，特別是漢人的影響。」

這些話見於一本叫《陳寅恪魏晉南北朝史講演錄》的書。陳的講演於一九四七年至一九四八年間，作於北平清華大學歷史研究所，由當時的聽講人萬繩楠先生記錄整理。但陳的講演截至魏晉南北朝，自然沒有論及後來白馬氐人地方相繼而來的吐谷渾人和吐蕃人的進入。

日本學者川本芳昭《中華的崩潰與擴大》一書，論述氐族國家前秦時就論及苻堅推行民族融合政策，把遷移到長安周圍的氐族人又遷移到新征服的地區，而把羌、鮮卑等胡族人遷移到國都長安四周定居。這也說明，民族從來不是一個固化體，而總是處於流動不居的狀態。正是這種流動不居，造成文化的複雜與多樣。

過一天，再去九寨溝縣草地鄉。該鄉三個村都是白馬人聚居地。鄉政府建有文化大院。文化大院三層樓，有鄉村圖書室和可以無線上網的電腦室，更主要的功能是白馬文化傳習所。傳統的手工藝傳習之外，還傳習兩種舞蹈。兩種舞蹈都成功申報為非物質文化遺產。一種，是叫儺舞的面具舞。舞有十二面具。龍與鳳兩種中華神物外，都是具象的動物：虎、豹、牛、雞、豬……表現的也是一種自然崇拜。聽說面具裡還有大鬼小鬼之類，這回卻沒有看到。觀看由本鄉小學生表演的舞蹈時，覺得藏傳佛教寺院裡的面具神舞與此舞蹈多少有些相像之處，所不同者，這種儺舞更樸素、更自然本樸，而寺院神舞，面具已多是神魔之像，更多宗教的直觀教化意味了。

再一種是熊貓舞。

舞人穿上熊貓皮、戴上熊貓頭，伴著鼓點在空地上搖晃、翻滾，都是對熊貓笨憨之態的天真模仿。一位年輕副鄉長給我一張不乾膠貼，上面是一張微信掃一掃二維碼。在手機上打開，裡面有熊貓舞介紹。說是熊貓舞也很古老。並有照片為證，是白馬人家傳的熊貓舞面具。那是兩隻真熊貓頭，白色的皮毛已變為黃色。當地是熊貓生活的地區，但此種動物既不凶猛，而且稀少到不會與當地人生活發生特別密切的關係，怎麼成為崇拜之物，這道理我沒想明白，詢問現場幾個老者，也語焉不詳。

那麼，去過平武後，再到九寨溝縣的勿角和草地兩鄉，白馬人聚居之地我已去過多半。沒有去過的白馬人聚居區，就是與九寨溝交界的甘肅省文縣鐵樓鄉了。年前，我的這篇〈平武記〉初稿草成並小範圍發表後，被甘肅省一位張姓先生看到，來電話要求收入他們主編的一本論白馬文化的書中。我考慮一來這不是最後定稿、二來不太明白他們編這本書的動機，便要他給我這本書的目錄。張先生果然發來目錄，看過之後覺得大多數文章，從題目上看，直覺到還是浮光掠影之作甚多，便委婉拒絕了。所以拒絕，還有一個原因。那時我正在塞爾維亞這個前南斯拉夫聯邦幾經分裂後最後部分，聽不同民族彼此相殘的血腥故事，看貝爾格勒和其他地方美軍轟炸後的廢墟，更覺得關於民族問題的發言，更有慎重的必要。

不想這回在草地鄉又接到張先生電話，聽說我到了草地鄉，力邀到鐵樓鄉看看。我因第二天得回成都辦理赴澳洲的簽證，雖然心動，只能再次拒絕他。不想第二天早上，早餐後正準備出發，張先生帶著兩個人來到了酒店大堂。張先生介紹，一位是縣文體局局長，一位是白馬人聚居的鐵樓鄉鄉長。可見他們是非常誠懇的邀請。但我因為怕誤了飛機航班，只好再次拒絕，只和他們站著說了十來分鐘的話；並且約定，明年什麼時間，大致是春天或夏天，要去一次鐵樓鄉。

我想，我會抱著同情之理解去，但我只是觀察者，而不是去支持或反對白馬人是什麼族、不是什麼族的觀點；又或者，去肯定或否定哪一個地方才顯得更像正宗白馬人的種種說法。

歷史流變不居，民族不斷交融，每一次血緣與文化的混同，每個參與者，都在其中留下點什麼，或者改變點什麼。經驗告訴我，每一種地方文化中包藏的這些顯明或隱約的曾經的族群與文化印跡，是流變與融合的說明，而不是再起分別的證據。

# ◇

# 玉樹記

# 1

從西寧起飛往玉樹。起得早，剛在座位上打了個盹，飛機著陸時猛一顛簸，我醒來，就聽廣播裡說：玉樹到了。

一出機艙門，就是晃得人睜不開眼的陽光。幾朵潔白得無以復加的雲團停在天邊，形狀奇異。雲後的天空比最淵闊的海還幽深蔚藍。幾列渾圓青碧的山脈逶迤著走向遼遠。這就是高曠遼遠的青藏。走遍世界，都是我最感親切與熟稔的鄉野。遼闊青藏，一年之中，即便能一百次地往返，我都永遠會感到新鮮。無論踏上高原的任何一處，無論曾多少次涉足，還是從未到過，心中都會湧起一股暖流。如果放任自己，可能會有淚水濕潤眼眶。我並不比任何人更多情，只緣這片大地於我就有這種神奇的力量。

一隻鷹在天際線上盤旋。

也許並沒有這隻鷹，我就是會「看見」。我抬頭，那隻鷹真的懸浮在天邊，隨著氣流上升或者下降，雙翅闊大，姿態舒緩。

大多數時候，我在內地別一族群的人們中生活與寫作。在他們中間，我是一個深膚色的人。從這種膚色，人們輕易地就能把我的出生地、我的族別指認出來。

現在，在機場出口，更多比我膚色還深的當地同胞手捧哈達迎了上來。我這個人，總是受不住過於直接而強烈的情感衝擊，於是迅速閃身躲到一邊，最終還是被推到迎客的酒碗面前。姑娘高亢的敬酒歌陡直而起。面前的三只小銀碗中，青稞酒晶瑩剔透，微微動盪，酒液下的銀子，折射光線，如那歌聲與情意，純淨、明亮。我深吸一口氣，讓自己平靜，同時感到，身體內部，某處，電閘合上了，情感的電流纏繞、翻捲、急速流淌，我端起酒碗的手止不住輕輕顫抖。

就這樣，我來到了玉樹。

我來到了這個在藏語的意義裡叫「遺址」的地方。

玉樹，和玉樹州府所在地結古鎮，因為一場慘烈的地震讓世界聽聞了它的名字。我也是第一次到達。我在一篇叫做〈遠望玉樹〉的小文裡寫過，「記得某個夜晚，好大的月亮，可能在幾十公里開外吧，我們乘夜趕路，從一個山口，在青藏，這通常就意謂著公路所到的最高處，遙遙看見遠處的谷地中，一個巨大的發光體，穹窿形的光往天空彌散，依我的經驗，知道那是一座城，有很多的燈光。我被告知，那就是玉樹州府結古鎮了。但我終究沒有到達那個地方。在青藏高原上，一座城鎮，就意謂著一張軟和乾淨的床、熱水澡、可口的熱飯菜，但對於一個寫作者，好多時候，這樣的城鎮恰恰是要時常規避的。因為這樣的地方常常會有與正在進行的工作無關的應酬，要進入與正在進行的工作相抵牾的話語系統。對我來講，這樣的旅行，是深入到民間，領受民間的教益，接受口傳文學豐富的滋養。但那時就想，終有一天，結束了手裡的工作，我會到達它、進入它。」

是的，我不止一次從遠處望見過這個鎮子的燈光。

從附近的稱多，從囊謙。

現在，在這個陽光強烈的早晨，我終於到達了。從機場到結古鎮的路上，一個深膚色高鼻梁的康巴漢子坐在了我身邊，我的手被有力地握住，「老師有什麼事情就告訴我們，要見什麼朋友也請告訴我們。」

這是個我不認識的人，但分明又十分熟悉。我們這個民族中的絕大多數人，僅憑身上那一點點相同的氣息，就能彼此相認相親。我說謝謝，但我不是老師。我開玩笑說，託時代進步之福，靠賣文為生，我還能養活自己，我不用兼職做家教，所以，請不要叫我老師。其實，我想說的是，當我面對自己堅韌的族群、自己的同胞，我從來都只感到自己是一個學生，雄渾廣闊的青藏高原，就是給我一千年時間來學習，也並不以為能將其精神內核洞穿。

我只說了一個名字，一個民間說唱藝人的名字。那是一個給過我幫助與教益的人，我說，我要去看望他。

## 2

路上，車裡，主人在介紹一些玉樹的基本資訊。提到結古鎮在藏語中的意思是「貨物集散地」。在一千多年的時光中，這個古鎮處於從甘青入藏的繁忙驛道上。這條古道有一個如今成為一個流行詞的名字——茶馬古道。也有一條漸漸被忘記的名字——麝香之路。這也是一條文化流淌與交會之路。所以，這個古鎮，曾經集散的豈止是物質形態上的商品。經過這個鎮子進入的，還有多少求法之人？經過這個鎮子走出的，還有多少渴望擴張自己視野與世界的人？

前面有著稀疏白楊樹夾峙著河岸的山谷中，一團塵霧升起來，我知道，結古鎮就要到了。真的，那些塵霧就是從正在重建的結古鎮、從整個變成了一個大工地的結古鎮升起來的。

我們就進入了那團塵煙。高原的空氣那麼透明，身在塵煙之中而塵煙竟消失不見。工地總是這樣，浮土深印滿車轍。各種機械轟鳴著來來往往。節節升高中的，已顯示出大致輪廓的半成的建築上人影錯動、旗幟飄揚。未來的學校，未來的醫院，未來的行政區，未來的商廈，未來的住宅，我們穿行其間。沒有地震廢墟，只有漸漸成形的建築在生長。這裡是青海，我想起了成就於青海也終了於青海的詩人昌耀的詩句：

鋼管。看到一個男子攀緣而上
將一根鋼管銜接在榫頭。看見一個女子
沿著鋼管攀緣而上，將一根鋼管銜接到另一根榫頭。
他們堅定地將大地的觸角一節一節引向高空。
高處是晴嵐。是白熾的雲朵。是飄搖的天。

那是詩人寫於二十世紀那令人鼓舞的八〇年代的詩。現在，卻似乎正好描摹著眼前的情景。就是這樣，被強烈地震夷為平地的古鎮正在生長，飄搖的天讓人微微暈眩。

那個挖掘機手，輕輕一按手裡的操縱桿，巨大的挖斗就深掘地面。那個開混凝土罐車的司機，不耐路上車流的壅堵，按響了聲量巨大的喇叭。喇叭聲把路口那個疏導壅堵車流的年輕交警的呼喊聲淹沒了。

這樣的情形令我感動。

工地的間隙裡是板房中的小店、飯館。四川漢族人的飯館，青海藏族人的飯館，撒拉人的清真飯館。肉店、蔬菜店、電器店、旅館。生活還在繼續，熱氣騰騰。不像我去過的別的災區，浩劫之後有一種哭訴的情調。馳名整個藏區的嘉那石經城在地震中傾圮了，但虔城的信眾們並不以為那些刻在石頭上的六字真言、那些祈禱文、那些整部整部經卷的功德與法力會因此而稍有減損，人們依然手持念珠繞著石經城轉圈、祈禱，為自己，為他人，也為整個世界。

我也因這樣的情形而感動。

當然也聽到好多生命毀傷、家破人亡的故事。但人們只是平靜地述說，就像在述說遙遠的故事，就像這些故事不是親歷，而只是聽聞、是轉述。活脫脫就是流行在青藏高原上那些口傳故事的風格。講這些故事的，有失去了不止一位親人的人，有失去了自己剛建成不久的頗具規模酒店的人，有震中受重傷、身上的一些關節被替換成合金構件、回到工作崗位就服務於眾人的人。還有，一位一定要在震後的玉樹辦起一份文學雜誌的朋友。我沒有看見有人流下過半滴眼淚。反而，我看到很多的平靜與微笑。我喜歡這種平靜中的達觀。

高原上難得的溫暖季節依然如期而至，草地碧綠，百花盛開。我四處走動，看到人們依然按照習慣，在靠近漫漶流水的草地上搭起帳篷，外出野餐。當我在附近的小山上把鏡頭對準一叢叢點地梅細密的小花時，從河谷中的野餐地，有悠遠的歌聲傳來。歌聲在谷地中升上來，達到與我平齊的高度，稍作盤桓，又繼續上升、上升，升到了比後身側的岩石峰頂更高的天上。我趴在馨香的草叢中，用鏡頭對準細碎的花朵，取景框中，焦距始終模糊不清。扶搖而上的歌，調子與詞句我都非常熟悉，但那一刻，我卻因為心頭湧起的熱流而淚光閃爍。

一位年輕的活佛，定要請我到他家裡做客。他讓我坐在比他高的座位上，親手為我沏茶，然後，打開電腦聽他新寫的歌。他說，他要寫出一種歌，採用流行的方式，但不是一般的情愛表達，而是有宗教感的，要有對於生命和對宗教的本質感悟與思考。也許，他的歌與他的追求間尚有距離，但我想，催生他想法的這些因緣，同樣也將是我從這塊土地上領受的深厚教益。能有機會在這樣一塊土地上，沉潛於自己的族群和文化之中，做一個學生，並不斷收穫新知識新感受，是上天對我的厚愛。

# 3

就在那天上午，穿過喧騰的工地，穿過那些勞作的人群，穿過被陽光照得閃閃發光的塵土，一幢三層樓房出現在眼前。汶川地震後，我去過許多被瞬間的災變損毀的地方，因此熟悉建築物上那些猙獰的裂紋，知道是怎樣的力量使這座建築在一樓和三樓保持住基本輪廓的情況下，之間的二層如何幾乎消失不見。我們被告知，這是整個結古鎮將唯一保留的地震遺跡。我還進一步知道，震前，這座建築是一家以偉大的史詩主人公格薩爾命名的賓館。格薩爾史詩是屬於全體藏族人的偉大精神遺產，更是康巴人的英雄——他出生在康巴，建功立業也多在康巴大地。在康巴人的心中，英雄受到加倍的崇仰。所以，我推測，這座以格薩爾命名的建築做為紀念物得以保留，不僅僅是因為這座建築所留下的地震毀壞力的駭人印跡。

幾年前，我曾在這座城鎮四周的草原上搜集英雄的故事。就在那時，我就聽人們不止一次提起這個鎮子上的格薩爾廣場。不止一次，有人向我描述那個廣場中央塑造的威武的格薩爾塑像。我也在想像中不止一次來到那尊塑像面前。我甚至把這個廣場與塑像寫進了我的也叫《格薩爾王》的長篇小說。我尋訪英雄故事的時候，沒有到達結古鎮。但我小說中，那個追尋英雄足跡的說唱人晉美到達過這個廣場。

在這裡，說唱人晉美與要跟他學習民間音樂的年輕歌手分了手。

「他們又到達另一個號稱是曾經的嶺國的自治州了。

「他們從山坡上下來，貼地的風從背後推動著，使他們長途跋涉後依然腳步輕快。地上的風向北吹，天上的薄雲卻輕盈地向東飄動。這個城市的廣場很寬闊，兩個人坐在廣場上英雄塑像基座前的噴泉邊，看人來車往。年輕人說：老師，我們該分手了。他還要給他一些錢。晉美拒絕了。他的內心像廣場一樣空曠。身後，噴泉嘩然一聲升起來，又嘩然一聲落回去。他說：調子是為了配合故事的，為什麼你只要調子，不要故事……

「年輕人彈著琴歌唱。他唱的是愛情，他看見年輕人眼中有了憂鬱的色彩。開始他只是試著低聲吟唱，後來，琴聲激越起來，是他教給他的調子，又不是他教給的調子。這使他內心比廣場更加空曠。

「……晉美起身了，歌手一旦開始歌唱，就無法停止。歌手用眼光送著他，那眼光跟歌唱的愛情是一致的，無可如何，但又深情眷戀。當整個廣場和人群都在晉美背後的時候，他流淚了。」

在相當大的程度上，我也是一個說唱人。我不自視高貴。這個世界從來就是權力與物質財富至上，在當今時代，這一切更是變本加厲。但我堅持相信，無論是一個國，還是一個族，並不是權力與財富的延續與繼承，而是因為文化，那些真正做為人在生活的人，由他們所創造與文化所傳承的文化。我以為自己的肉身中，一定也寄居著說唱人的靈魂。我不自認高貴，但我認為可以因此從權力與財富那裡奪回一點驕傲。

現在，我來到了這個廣場。我早已從地震剛剛發生時那些關於玉樹的密集的電視新聞中，知道了所謂噴泉是出自我的想像。但那座英雄雕塑一如我的想像。這個形象在那些古老唐卡中我曾多次遇見。但在這裡，這個形象變得如此立體，堅實的基座上，那黝黑的金屬鑄成的人與馬，與兵器與盔甲如此渾然一體，威武莊嚴。那麼猛烈的地震，沒有對這座塑像有絲毫的動搖與損傷。我當然要為此獻上一條哈達，和我內心一些沉默的祝禱。我當然很高興和當地的同胞一起在塑像前合影留念。格薩爾的英姿高高地矗立在我們身後，背後，是深遠的藍空和潔白的流雲。做過一個夢，在拜讀一位喇嘛詩人的詩句，驚奇他突然擺脫了那些陳腐的修辭，把流雲比作精神的遺韻與情感的馨香。

# 4

我來到這裡，不只是因為結古鎮這個古老城鎮正如何成為一個新生的樣板，更因為我一直在因虔敬的固守而踟躕難前的文化中，尋找格薩爾史詩中那種捨我其誰的奮發精神，與心憂黎首的情感馨香。

因為這種奮發，松贊干布的大臣去到了大唐。

因此，一個美麗女子走上了從大唐長安到吐蕃都城邏些的漫漫長途。因為這位唐朝公主的經過，結古這個今天還煥發著生機的名字，從深沉的史海中得以浮現。一千多年！我們在板房中任手抓羊肉慢慢冷卻、任杯中啤酒泡沫漸漸消散，嘴裡感嘆著：一千多年！即便這一千多年來，我們可能不斷轉生，但失憶的我們，只能記得此生這幾十年的我們，並不真正知道一千多年是怎樣的悄然流逝，同時又貫通古今。聚集的財富消失了，權力的寶座傾圮了，流傳至今，只是深潛的情感與悠久的文化。

又一天的太陽照亮了大地。

負責接待我們的主人把我們帶到了浩浩蕩蕩的通天河邊。他們好意，不讓我們只去看一個又一個重建項目。他們相信，物質的重建會很快完成，但文化方面的重建會更加漫長與艱難。所以，他們還邀我們看看風景與文化遺存。我們來到通天河邊的肋巴溝口。大河水深沉地鼓湧著向東南而去。河岸上，那些草地與綠樹被太陽照得閃閃發光。主人帶我們看一面摩崖石刻。一面向河的石壁上，淺淺的線條勾勒出一尊說法的佛。佛頭上有一輪月暈般的渾圓光圈。佛像的風格與鐫刻方式透露出久遠年代的氣息。更加顯出年代特徵的是，說法佛側下方那個戴著吐蕃時代高筒帽的男子，和與閻立本畫中一樣留著唐代女人髮髻的面孔渾如滿月的女子，她的手中，還持著一枝開放的蓮花。

文成公主從唐蕃古道入藏時，曾在玉樹的結古一帶做較長的休整。傳說這壁說法圖就是她留下的。那麼，那個頂著唐式髮髻者，是她為自己所做的造像嗎？佛法從印度興起，繞過青藏高原，東漸漢地，所謂「佛法西來」。這時，佛法又從東土向西而去，並在西去途中，在此留下了清晰的印跡。

瞻禮之時，當地的朋友爭相為我解說，使我深感溫暖。

然後，我們溯匯入通天河的飛珠濺玉的肋巴溝溪流而上。沿途，滿溢著碧綠草木的馨香。一千多年前，文成公主踏上了這條道路。而這條道路顯然比一千多年更古老。一千多年後，這條路還像新開掘出來一樣，前些天的雨水在泥路上留下清晰的沖刷痕跡，裸露的石頭乾乾淨淨。路邊開滿了野花：鮮卑花、唐松草、錫金報春……一個偏僻遼遠的所在，那些草木的命名中，也強烈暗示著遙遠地理間的相互關聯。然後，又是一處摩崖造像。那是另一位入藏和親的唐朝公主留下的遺跡。瞻禮如儀後，我們繼續往前。

地勢漸漸升高。溪谷也越來越開闊。隨著海拔升高，植被也迅速變化。一叢叢的硬枝灌木出現在高山草甸上：開粉色花的高山小葉杜鵑，開黃色花的金露梅。這些開花的灌叢，從眼前一直鋪展到天際線上。更寬廣的草甸上，是紫色紫菀的天下，是白色圓穗蓼的天下。我熱愛青藏高原上的旅行：自然中包藏著文化，文化在自然中不經意地呈現。我問陪同的主人，有沒有帶上些乾糧？回答是沒有。我遺憾不能來一頓草地野餐。盤腿坐在草地上日光下，背後是雄渾的走向遼遠的山脈，面前是叮咚有聲的溪流。就這樣，不過一個小時，我們就來到了海拔四千多米的山口。背後的峽谷向東南而去，而面前另一道峽谷向著西北方敞開。

順著蜿蜒的公路下到峽口，是香火旺盛的文成公主廟。

我這個人，不太喜歡進種種廟宇。做為一個身上天生就有宗教感的人，卻總對處於我們與宗教的終極關懷間、我們與神祇的昭示間的神職人員保持著某種警惕，也並不以為那些廟堂中享受香火的偶像，真能代表那些縹緲深沉的神祇。但在此地，風震響著滿山的經幡，還有好些人在廟後的小山頂上播撒風馬。我脫鞋揭帽，進到廟裡，但沒有匍匐在崖龕中的佛像跟前，只在心中瞻禮如儀。然後，伸出雙手，兩個年輕喇嘛把取自龕後的清冽泉水傾倒在我掌上。

我小飲一口，一線清涼直貫胸臆。我以為，自己的身，越過了語，直會了意。

然後，我們去到巴塘鄉的重建工地。

## 5

懷著感動與敬意，從巴塘鄉重建工地出來，已是六點多鐘，夕陽西下。高原的大地在這樣的光線下更顯得邈遠深廣。那些聳峙在寬廣草原盡頭的岩石峰巒都在閃閃發光。

忍受著強烈高原反應一起採訪的朋友該回去休息了。我對主人提出了新的要求：去看看草原上的鮮花。

三、四年了吧，我一直在追尋高原花草的芳蹤，高原植物學成為我的一門業餘功課。四年前某一天，川藏線上，站在一座雪山埡口，對著身邊那些搖擺在風中的種種花朵，我突然發現自己對這些嚴酷自然環境中的美麗生靈一無所知，和絕大多數人一樣，我甚至叫不上它們的名字。我突然因此感到慚愧。說自己如何熱愛這塊土地，卻對這塊土地上的許多事物一無所知。這個時代，愛成了一個任何人都可以輕易脫口而出的詞語，同時，卻對於傾吐熱愛的對象茫然無知。

愛一個國，不了解其地理。

愛一個族，不了解其歷史。

愛一塊土地，卻不了大地集中所有精華奉獻出的生命之花。

因此，一個偉大莊重的詞終於氾濫成一個不包含任何承諾、也不用兌現的情感空洞。

我意識到了這種熱愛因為缺乏對於對象的認知而變成了一種情感空洞。我決定不再容忍自己身上的這種荒唐的情感。

從此，當我在青藏高原這片我視為自己的精神高地上漫遊時，吸引我的不再只是其歷史、其文化，以及由歷史與文化所塑造的今天的族群情感與精神祕密。我也要關注這土地上生長的每一種植物。從此，不只是一個一個的人，每一種生命也都成為我領受這片土地深刻教益的學習對象。

所以，我現在要去拜會那些在這個短暫的美好季節裡競相盛放的花朵。我很高興，新結識的當地朋友樂意陪伴我。我們掉轉車頭，向草原深處駛去。我很高興能把一種種自己認識的草木，指示給這些比我年輕的朋友。

在這個高度上，已經沒有了樹木生長。於是，總是用藤蔓纏繞與攀爬的鐵線蓮，失去了上到高處的依憑，在公路兩邊的礫石中四處鋪展，同時奮力高擎起鈴鐺般的黃色花。

而一層層葉片堆疊而上，奇蹟般長成一座座淺黃色寶塔的植物名叫苞葉筋骨草，一枚枚精巧的唇形花就悄然開放在層疊而上的苞葉下面。

當我們停下車來，草原上細密的白色小花從面前鋪展開去，直到視線盡頭山峰濃重的陰影中間。那是白花刺參。帶刺的葉片間豎立起一根帶棱的長莖，頂端舉著數朵一簇的象牙白的唇形花。我趴在草地上，從鏡頭中注視這些花朵，如何反射黃昏將臨時那最變幻迷離的光線。我用微距鏡頭表現它們的細部特徵，再換上一隻廣角鏡頭，表現這些美麗生靈的廣布與縱深。

直到夕陽西下，最後的一片光線紫紅的陽光消失時，彷彿聽見六弦琴一聲響亮的撥弦後餘音悠遠。

晚上，在沒有桌子的板房中，趴在床邊在電腦上整理這些照片，竟忘記約了那位為我演唱過《格薩爾王傳》的民間藝人來談話。他也不來打攪我，竟在院子中等到半夜三點！

在玉樹，那麼多美好的印象應接不暇。最令人難忘的，還是這些真誠樸質的老朋友與新朋友們帶給內心的溫暖。正是如此醇厚的溫暖，讓這回短暫的走訪顯得更加短暫。

懷揣著那麼多的感動，真的要離開了。

玉樹，在此之前，我曾經拜訪過它西北部的平曠荒野，也曾經遊歷過它偏南方向橫斷山區最北端的高山與深谷。現在，我又來到了它的心臟結古鎮。來的時候，迎接我們的有酒、有歌。送別的時候，也是一樣。可以說這是一場送別的盛宴嗎？食物其實非常簡單：現煮的牛肉和羊肉、油炸饊子、優酪乳、青稞酒，但的確是一席盛宴。地點經過精心安排，開滿了紫菀與毛茛的草灘上，一座美麗的白布帳篷，四壁掛著當地攝影愛好者們精美的作品。還有那麼美妙的歌聲與敬酒。這些是災民也是重建者的人們，用他們的豁達與樂觀，讓我們領受一種文化的偉大力量。

這是最難分手的時候，我卻再次要求幾個朋友提前出發，再去看看機場路沿途那些前些天不及細看的花草。

我記得那一叢叢紫色的鼠尾草。

我的家鄉距此將近兩千公里。但那幾位當地的朋友也和我一樣，曾在童年時，把這些漂亮的管狀花從花萼中拔出來，從尾部細細啜吸花朵中蘊藏的花蜜。現在，這些花一叢叢開放得那麼茂盛，在強勁的高原風中不停搖晃。我拍下了它們美麗的身姿，在流雲如浪花翻拂的高原藍空下面。我加大相機的景深，把叢叢藍色花背後的河谷中通向深遠的路，和一段高聳的曾經的陡峭河岸納入背景。

幾分鐘後，我就將從這條路上去往機場。

我不想說再見。我對這些新朋友說，我還要再來。一個人來。我說出一個又一個的地名，都是玉樹這片雄闊高原上，我從未到過的地方。還有一些，是去過了，但還想再去的地方。

我們正日漸廓清文化的來路，卻還並不清楚文化去向未來的路徑與方向。我相信，這個答案，只能從民間新生活中那些自然的萌芽中得到啟發。能夠找到嗎？我不肯定。我唯一知道的只是，我們不能因此放棄了尋找。

# 果洛記

# 果洛的山與河

## ——果洛記之一

### 1

高原上一切的景物——丘崗、草灘、荒漠、湖泊、沼澤、溪流和大河，好像不是匯聚而來，而是在往低下去的周圍四散奔逃。

從西寧往果洛，路，那麼地漫長，更加深了我這樣的印象。

就像在青藏高原的所有路途上一樣，那些景物撲面而來，又迅速滑落到身後。風景從地平線上升起來，敞開，逼近，再敞開……然後，是我這個旅行者，以及載著我的旅行工具，從其間一掠而過。風景從身邊一掠而過：緩緩起伏的丘崗，曲折縈迴的溪流，星星點點的湖沼，四散開去的草灘，還有牧人，和他們的帳幕，和他們的牛羊……再然後，那些風景在身後漸漸遠去，閉合，滑落到天際線下。

現代交通工具提供的速度，使人感覺到一切都在向我匯聚的同時，又迅速掠過，然後，四逸流散。

一切都飄浮不定，讓人失去把握，並不是一種美好的感覺。苦修的信徒，為了克服這種不確定感，會去觀想崇奉的本尊神。為了克服這種荒誕的感覺，我也觀想，觀想一座大山超拔天際的晶瑩雪峰。

觀想古老山神的祈禱文裡叫做「總攝大地的雪山」的那種大山。

在青藏高原，這樣的大山一定像個威嚴的武士頭戴著晶瑩的冰雪冠冕，在天際線上閃閃發光。

此次的果洛之行，穿過漫無邊際的荒野、牛羊、帳幕、稀疏的人群，以及陰晴不定的天氣，我帶著朝聖的心情，要去拜望那座叫做阿尼瑪卿的雪山。原野深遠，幾種標本一般不斷重複的地理樣貌出現又消失。只有天氣在變化。剛剛穿過一片把車頂敲打得乒乓作響的雪霰，就見一道陽光的瀑布垂落在面前，穿過去，又見風驅趕著藍空中的雲團，疾速翻捲，如海濤豎立。陽光強烈，沙丘閃爍著金屬的光芒。而在低處，碧綠的草灘沉入了雲影中，彷彿一淵深潭。就這樣，一條公路穿過地理與天氣，風景匯聚而來，又飛快流逝，陷落在身後的天際線下。

我像信徒一樣開始觀想。觀想那座雪山。如果說，信徒對本尊的觀想是基於虔敬，而在我，卻是基於一種憂慮——基於這個激變時代，這片高原拚命固守卻又難於固守時的流散之感。以至於地理上的變化也在增強這樣的主觀。

我讓那座雪山的形象踱來身前：穩穩矗立，充滿心房；輕盈上升，那金字塔般的水晶宮殿就懸浮在額前。

我就用這種方法，穩定住流散的風景與心緒。只要有那樣一座山從心裡升起，我就知道，在這漫長的旅途中，似乎正四散而去的風景，以及附著其上的一切，就不是在流散，而是在匯聚——向著一個潔淨的高點匯聚。那個地方，平凡的生命幾乎難以抵達，神性因此得以上升，從高處、從天際發出響亮的召喚。

因為這召喚而匯聚的高曠大地，叫做果洛。

高原上，五、六百公里的行程，是漫長的一天，黃昏時分，我抵達了果洛的行政中心——大武。

夕陽西下，街道那一頭，淡藍的山嵐迷離了視線，但我已經感到了那座雪山。冷冽而潔淨的風從那個方向吹來，我就此感到了那座雪山。

用一句旅遊雜誌上常見的話來說：山就在那裡。是的，山就在那裡，在風的背後，可以感到，只是還未看見。

## 2

當地朋友好像知我心意，第二天早飯畢，就安排去遙祭阿尼瑪卿雪山。

出大武鎮，往祭拜點出發。大武鎮海拔三千七百米，看著腕表上的海拔度數漸漸升高，我興奮起來，知道只要達到某一個高點，就能看到雪山從地平線上緩緩升起。那個高處，定是當地百姓祖祖輩輩遙祭阿尼瑪卿的地點之一。

經打聽，知道真要去這樣的一個地方，我的心情變得肅然莊嚴，整理好了手中的哈達。與此同時，一股香氣彌漫開來，是車中暖烘烘的空氣使備好煨桑用的柏樹枝的香氣提前溢出了。

在藏語中，「桑」既是指獻祭，也有以潔淨香氣「沐浴」的意思，我想這是指人在獻祭過程中預先或同時經歷的身心淨化。眼下，這些四溢縈迴的芳香之氣，使我在前去祭拜的途中，就早早啟動了這個過程。

尤其是在夏季，青藏高原上的雪山們不是每次都會在眼前清晰地呈現。既然雪山不是每時每刻都會遂人心願，對祭拜者顯露真容，這個預先啟動的自我淨化的過程，才成為祭山過程中，最有意義的方面。

我的童年和少年時代，即便是表達自然情感的祭山儀式也被嚴厲禁止。某年前，在電視台接受訪談，要我談談青藏高原的傳統文化，我談到青年時代第一次參加剛恢復的祭山儀式，看見熟悉的雪山突然就淚流滿面時，我在攝影機鏡頭前再次淚滿眼眶。今天，對任何雪山的朝拜都不會讓我如此情緒失控，但內心還是會被一種溫暖的情愫充滿。前些天，我在一座城市和我一本小說的日文翻譯交談，這位生長於異國大都會的學者有些歉疚，但還是直率地告訴我，他無法真正理解我對自然界神一般的崇奉之感。我告訴他，其實我也不太懂得。最後，是他給了一個什麼都不說明但又什麼都可以說明的答案。他說：也許是血液裡的東西吧。

我想，也許是這樣的吧。在我的童年時代，那個小村莊的東北方向，就有一座雪山。那時不准提及神靈，當然更無從知道神靈的譜系。但我卻知道，就是這座雪山，主宰著山下小村的天氣變化。早上出門往那個方向望上一眼，就可以大致知道這一天的陰晴、知道在路上會遇到燦爛陽光還是飄飛的雨雪。或者，看一眼天空，就會知道，那座雪山是被雲霧掩去，還是會矗立在眼前閃閃發光。當天氣晴好，男人們會脫下帽子，低喚一聲山的名字。後來，我知道，那其實同時也是山神的名字。

而眼下，在果洛，我心中壅塞著的，無非是關於它的歷史文化的零碎知識，眼前正在展開的土地卻還十分陌生。我尤其不知道在漸漸升高的山谷盡頭，遮斷視線的雲霧會不會被正在升起的太陽驅散，或者被強勁的高原風吹開，讓阿尼瑪卿雪山出現在面前。

驅車二十多公里後，我們來到了可以遙望雪山的地方。

這是一個平緩隆起的山口，海拔升高到四千兩百米，風無遮無攔地吹著。我們沿著的那個從東邊而來的峽谷，在升高的過程中不斷收縮，終於在這裡到了盡頭。但是，地形又急轉而下，另一道山谷向著西面敞開。在青藏高原上行走，隨時都會經過這樣的地理節點。盡頭也是起點。腳下，正是兩道從沼地中淺淺濡出的溪流的分界與起點。

雲霧非但沒有散開，反而挾著細雨向著山口祭台四合而來。成陣的經幡獵獵的振動聲，使風顯得更加凌厲。我把被風猛烈撕扯的哈達繫到經幡陣中，手還沒有完全鬆開，豁然一聲，哈達就被勁道十足的風拉得筆直，像琴弦一樣振動不已。而一同前來的人們，都面朝著同一個方向——山口的西南。我知道，那是雪山所在的方向。強勁的風正從那個方向橫越而來，幅面寬廣。我熟讀過地圖，知道我們所在的地方，在阿尼瑪卿的東面稍稍偏南。我也把臉迎向風，朝向雪山的方向。

在眾人誦念祈禱文的聲音裡，堆在祭台上的柏樹枝點燃了。一柱青煙還未及升起，就被風吹散，融入了四周淒冷的雲霧中。當我們繞著祭台念誦禱文，每轉到下風處，充滿香氣的煙就撲到身上，讓我接受聖潔香煙的強勁沐浴。我念誦的是一段剛剛學來不久的對於阿尼瑪卿雪山的讚頌，非關祈請，只是讚頌它的聖潔與雄偉。風繼續勁吹，把我們手中揚起的風馬紙攪成一片稠密的雪花，在頭頂上升，在四周旋轉。然後，熏煙的柏枝被風吹得燃燒起來，變成了一團通紅的火焰。火焰被風吹拂，旗幟般招展。

車到了下一個山口，我再次回望，灰色的雲霧仍然嚴嚴實實地遮斷天際。但我知道，在接下來的果洛之行中，我還會環繞它，還會再次靠近它。這不只是指地理上的接近與看見。接近一座雪山還有更重要的途徑，那就是從居住在雪山四周的人群中獲得關於雪山的一切知識與解釋。從歌唱、從傳說、從不同時代不同教派的僧侶們寫下的關於這座雪山的祈請與讚頌的文字。

「信民們點燃桑煙，擺上豐富的五色供品，虔誠地念誦祈禱祭文，雪山漸變為潔白宮殿，祥雲靄靄……以阿尼瑪卿山神為主的神族，從彩虹裝飾的莊嚴宮門列隊而出……」

是的，阿尼瑪卿是山，同時也是一個神。

在藏語安多方言中，「阿尼」的意思是祖父。據當地的民間傳說，這位老祖父名叫沃戴貢傑。和很多民間傳說一樣，果洛地方原來妖魔橫行。而拯救了這片大地，使人們脫離苦海的正是來自遠方的英雄。在果洛，這位英雄就是有八個兒子的沃戴貢傑。他派出兒子去征服遠方。等到妖氛肅清，他們一家也就定居於此，這個家族自然就成為當地的部落酋長。隨著部族的代代繁衍，這位祖先（阿尼）成為部族的集體記憶，他的故事開始代代相傳。並且在這種沒有固定文本的口傳故事中，時時刻刻地被改寫，終於，祖先成了神，一位創世的神。當他的部族人口增長，在寬闊的草原上星羅棋布，分出一個又一個新的支系，這個部族便需要一個具有象徵意義的具象中心。在青藏高原上，這樣的具象中心只能是一座雄偉的雪山。在果洛，便是瑪卿雪山。於是，口傳故事中越來越了不起的祖先，終於與雪山穩固超拔的形象合二而一。

山神的故事便這樣產生了。

大地，因為雪山而匯聚。星散在大地上遊牧或家耕的人群，因為山神的信仰而凝聚在一起。

這位祖先，不止開闢了部族最初的生息之地，成為神靈後，還繼續以他超常的神武與願力庇護著這片大地和後世子孫。於是，他又從一位創世之神變成了一個庇護之神。每年，人們都要在祭山過程中，向他供獻利箭和駿馬。這樣的供獻當然是象徵性的。箭是經過裝飾的木杆，在專門的儀式上插到高峻之處的箭垛，駿馬則印在一塊塊方形紙片上，讓風飄送到天上。人們相信，在每一個夜晚，山神還會跨上駿馬，挽強弓，挎箭囊，乘風逡巡，肅清一切妖魔鬼怪。後來，印度佛教在西藏化的過程中、在民間龐大的山神系統也納入本土神體系，山神又演化成為佛教的護法，這就超出我關心的範圍了。

我個人還是喜歡未被佛教化的山神故事。其實，這麼說並不準確，因為幾乎所有山神故事都被佛教化了，成了佛教的眾多護法。但是，從那些山神故事中，我們還是可以部分還原出從本土剛剛產生時那些原初的動機。

山神，就是神格化了的人，就是人格化了的山。

山，因為向背的不同，決定了眾水的流向。所以，是神。

山，因為高度與縱深，決定了讓大氣流動還是延宕。所以，是神。

山，高度人格化後，因為人一般情緒的變化造成了天氣的變化。所以，是神。

青藏高原的雪山，不只是阿尼瑪卿，都關乎著這裡的人群對於自然的深沉感受，也關乎著族群對於有建樹的領袖的強烈情感。

## 3

離開大武鎮，我往果洛大地的南方而去。

到甘德。

到達日。

天陰晴不定。

像在青藏所有的草原旅行，再陌生的地方都是熟悉的情景——牧人的帳幕、牛羊、河谷開敞、列列渾圓丘崗上不時出現成陣的經幡。某些地方，錯動的岩層拱破地表，露出地心深處那些隱祕而強大的力量。也正是這力量讓所有雪山挺拔而起，直接雲霄。我離阿尼瑪卿越來越遠。道路往南，而山巋然不動，在北方的天空下面。

雨又下起來了。

我說，這個季節不該有這麼多雨水。

當地人說，如果不人工催雨的話。

當地草場並不需要這麼多的雨水，是焦渴的下游需要。下游的農田需要，發電站需要，工廠需要，城市需要。只要看一眼中國地圖就知道，黃河發源後，就從西南方直奔阿尼瑪卿山而來。全數接納了這座占地幾百平方公里的雪山南坡所有冰川和沼澤中發育的溪流。因為這些密布的溪流，黃河得以在上游就水流浩大。資料顯示，黃河水量的百分之四十來自這一地區。

而且，黃河在這一地區只是補充，基本沒有消耗，也沒有污染。下游卻只是消耗，再無補充，只是時常污染、時常斷流。所以，源頭地區因為催雨而忍受這麼多陰雨天，只是為了緩解下游的焦渴。那些缺水的地方並不知道，上游地區還在做著這樣的貢獻。雖說貢獻或許會讓人產生高尚的感覺，但壞天氣總是令人不快。尤其是在青藏高原這短暫的溫暖季節，大地，和大地上的萬物都那麼渴望陽光，渴望太陽給這片大地以熱力，使大自然得以把這些熱力通過廣布的植物轉化成能量，催熟花粉使草木與莊稼的子房受孕，讓植物的來年有眾多的種籽，更多的種籽與根莖成為人與動物的食糧。但現在，雨水淅淅瀝瀝地落下來，溫度降到了十度以下。新開的公路一片泥濘。濕漉漉的草場了無生氣，灰色的天空，黯然的河流，顯出一種淒涼的被世界所遺忘的情調。特別是那些彼此間動輒相距幾十上百公里，建成不過幾十年的小鎮，從濃霧中突然出現，又從車窗前一掠而過，再次陷落在身後的雲霧中間，只給經過它們的人留下零亂、蕭索的印象。一天之內，我連續幾次拍下這些一掠而過的鎮子，發到微博上，同時發出心中的疑問：這些幾乎未經任何規劃就匆忙建成的零亂小鎮，顯示的到底是這個時代對於河源地區的珍視還是輕慢？我想起小時候，生活在被世界遺忘的偏僻鄉間，常常渴盼去到這樣的鎮子。但一年裡至多有一、兩次機會。天不亮就起床，徒步上路，三、四個小時後，走進鎮子時已經疲憊不堪。然後，緊捂著口袋裡一、兩塊錢人民幣，不知道該是在照相館照一張相，還是去供銷社買一雙解放鞋。到今天為止，這樣的小鎮並沒有太大的變化。

我注意到，其中一些小鎮正在變大，有了新的建築群。我被告知，這是執行國家退牧還草計畫的結果。為了黃河源區很多生態惡化的草場都不再放牧，牧民變成城鎮居民，集中安置到這些小鎮上。問題是，這些荒僻草原上的小鎮並不能為這麼多牧民提供足夠的生計。開個小店？已有的店舖已經足夠滿足當地所有的日常消費。旅遊？這是政府官員與媒體常常說到的事情，但在這裡的大多數地方，至多是在短暫的夏天有零星的背包客出現。想要做點別的事情？這些小鎮離任何一個能夠提供商業機會的地方都相距遙遠。當然，政府對這些放棄了世世代代遊牧生計的牧民有一定的補貼。我打聽了一下，每戶每年幾千塊錢。對於一個上有老人、下有兒女的五六口之家，平均到人頭，每人所得遠遠低於內地任何一個地方的低保標準。十幾天後，我在北京學習，聽一位高官的國情報告。講到生態問題時，他就舉到果洛的瑪多縣做例子。瑪多，是黃河源頭第一縣，八〇年代，這裡水沛草豐，於是當地政府大力發展畜牧業，迅速成為中國舉足輕重的牧業大縣，八〇年代人均收入兩千多元，曾經是中國人均收入最高的地方。但是，過量的放牧，加上全球氣候惡化，草場迅速沙化，黃河上游水量日漸遞減，以至於有如今退牧還草措施強力推進。於是，那些靠一頂帳幕遊牧於草原與雪山之間的牧民們，定居到了這樣的小鎮上。

當我們在雨中穿過那些濕淋淋的淒冷草原時，不再放牧的草場真的在恢復生機，一些消失的湖沼又蓄上了水，星星點點地輝映著灰色的天光。這情景讓我想起史書中黃河上源的一個古老名字：星宿海。這情形確實令人鼓舞。但我還想到遷移到這些小鎮上，改變了生活與生產方式的人如何生存？他們會不會在尋找新生計、面向新生活時，因不適而感到茫然？

在一個小鎮停留，看到了牧人們開的小店，傳承非遺手工藝的作坊：紡羊毛，織地毯。也是新開的小飯館，在裡面吃一只餅、就一碗熱乎乎的牛雜湯時，聽到新修的小學校鐘聲穿過雨霧，清澈響亮。

雨還在下，眾多的水在草原上匯聚，匯聚成溪、成湖，最終，匯聚成河，黃河，晝夜不息，向著東方。就是這樣，遙遠的西部，不發達的西部，用這樣的方式，為高速發展的中國，提供滋養。

# 4

到達黃河邊。

汽車過一座橋。橋頭寫著黃河大橋。橋幫上掛滿了經幡。經幡掛得太多，層層堆疊在一起，加上被雨水淋濕，再也無力在風中飄飛，使得印在幡上的祈禱文也無法上達天聽。

就這樣，我到達了達日縣城。黃河邊上的第二座縣城。據說，進縣城的這座橋也是黃河上的第二座橋。在旅館放下行李，看見窗外的天空有放晴跡象，我趕緊出門。穿過一些升起炊煙的院落，和零零落落的狗吠，我登上旅館後面的一座小山。我的鼻孔中充滿了青草的味道。

這時，天空中的雲層裂開一道道縫隙，漏出了天光。

在達日縣城背靠的那道蜿蜒到黃河邊便戛然而止的山梁的頂端，我轉過身去，一道開闊的河谷豁然呈現。從鉛雲西垂的天邊，黃河靜靜地湧流而來，被雲隙中漏出的天光鍍上了一層光亮。草原上，奔流而來的黃河不是一條，而是很多條，它們在開闊的谷地中犁開草原與沙灘，不斷交織，又不斷分開。地理學上有一個名詞，把這種樣貌的河道叫做「辮狀河流」。但我更喜歡我從書上看來的另一個說法。藏語中，草原上清澈明淨的河流叫瑪曲，而不叫黃河。「曲」是河流，而關於「瑪」有多種解釋。我愛的是這一種——孔雀河。這稱呼，既直指高原黃河水清澈華麗的質感，更形容出了黃河漫流在草原上時如孔雀開屏的美麗形狀。至少，在這一時刻，這一段的黃河真的可以稱為孔雀河。

我在黃昏的風中，看著黃河閃閃發光湧流而來，直到我腳下，又被突出的山梁逼出一個大彎，擦過達日縣城的邊緣，繼續流向東南。這時，我離阿尼瑪卿雪山已經相當遙遠了。黃河流經阿尼瑪卿南坡後，在這一段已經變得相當闊大。它在達日縣城邊稍作盤桓，便繼續往東，去接納更多的水流。青藏高原上的黃河，就這麼縈迴、這麼湧流，就像這片高原上的人群，那樣安詳，聽天由命，沒有任何功利目的。就像我現在，站在四合的暮色中，看黃河映射的天光漸漸黯淡，只是將其當作一股源源不絕的情感，把我充滿。而黃河在草原上這百轉千迴，唯一的目的，好像就是為了讓自己的水流越發豐沛。

我再次穿過山腳下零落的狗吠聲、穿過漸漸亮起來的燈火、穿過達日縣城的街道，回到旅館。

或者是剛才眺望黃河的心緒未盡，或者因為主人給我安排的房間過於寬敞，我只覺得心裡空空蕩蕩。於是，燈下，我再次展開地圖，看黃河出了達日縣城後繼續往東，出了果洛，流到了四川阿壩，眼看，就要突破青藏高原東北邊緣那些淺山，卻突然轉彎北上，進入甘肅，再突然，又折而向西，再次流入了青海。回到了阿尼瑪卿山之北，繼續接納這座雪山北坡上發育的河流。

黃河繞著阿尼瑪卿形成了一個美麗的U字形。

難道巨龍回頭，是要繞阿尼瑪卿一圈嗎？

但我知道，這已經不能夠了。黃河回頭西行不久，就一頭向下。青藏高原東北邊緣那些黃土與紅土深厚的山地使它猛烈深切、陡然下陷。從此挾泥帶沙，身軀日漸沉重，再也無法回到四千米左右的高度了。

離開達日，我又折而西向。我從阿尼瑪卿的北坡面來，現在要去到這座雪山的南面。

僅僅過了一個短暫的晴天後，雨水又接踵而至了。我穿過那些已經無人遊牧的曾經的牧場。雨無遮無攔地下著，落在草灘，落在河面，落在沼地當中那些正在重新恢復生命的湖泊上。平地而起的冷霧遮沒了所有山崗。海拔計指向四千六百米的時候，面前的公路出現了一個分岔。車停下來，在雨刮器的吱嘎聲中，司機問我，那條路通向另一個可以遙望阿尼瑪卿的祭台，要不要去看看？我看著漫天迷霧，搖搖頭：不去了吧。

就這樣，我離開了果洛。

中午，在一個冷雨中的小鎮，和幾個卡車司機，在一個小飯館裡，圍著一個鐵皮火爐吃了一只燒餅、一碗羊肉粉湯，繼續上路。那時，阿尼瑪卿真的是越來越遠了。我說，我還會來，一定要在一個天朗氣清、豔陽高照的日子，看見阿尼瑪卿，頭頂冰雪冠冕，閃閃發光地矗立在藍天下面。

下次，我來時，要把這次果洛之行的路線反轉了過來，從南面進入，而從北面出去。這樣，我就可以在青藏高原北緣的峽谷中，再次與黃河相遇，看見它如何拖著日漸沉重的身軀經過貴德、經過循化，看見它如何深切大地，開始灌溉峽谷中那些乾渴的藏人的村莊和穆斯林的村莊。然後，再次離開它。

最後，我要站在蘭州的黃河鐵橋上，再次俯瞰它。這時，它已經灌溉過了許多村莊，也翻越了好多座水電站的大壩，滋潤了許多座乾渴的沉重，並接納了很多污穢。這時，它已經完全改變了顏色，身軀沉重，穿越城市，成了名副其實的黃河。它或許已經記不起自己在草原上清澈的模樣和藏語的名字。

而果洛與阿尼瑪卿，已經像是個依稀的夢境了。

# 果洛的格薩爾

## ——果洛記之二

在一頂帳篷裡午餐。

手抓羊肉、血腸，手抓牛肉、肉腸、餅，在青藏的遊牧草原，不論地點如何變換，食譜幾乎是固定的。我食指大動，很快就飽了。

搭建帳篷的草地被一段溪水繞成一座半島。我跨過溪流，到正在開花的草地上，拍些照片。每次高原歸來，朋友們都說，你又去拍花了。其實，我每次上高原，都是忙著別的事情，偷得些空閒，便抓拍些奇花異草。這回的空隙，就靠少說猛吃得來。有關心我健康的好人教導，要細嚼，要慢嚥，這樣不會發胖。可是每到高原，我就會因為花草產生強迫症，胡吃海塞一通，趁主人不注意，鑽出帳篷，用一雙油手端著照相機在草地上四處逡巡。眼前，龍膽科的秦艽和菊科的火絨草早都拍過，我在搜尋另一種龍膽花。很快，就在小溪的一段曲折處看見了幾星紫光。果然就看見了這些直徑不到一釐米、紅中泛藍、藍中透紫的小花。我趴在草地上，凝神屏息，通過一只微距鏡頭觀察這些美麗精靈。它們複雜而又單純的結構上，那些色彩似乎要幻化。這些顏色就是青藏高原某種單純的複雜呈現。似乎是害怕這些色彩化霧化煙，我輕輕按動快門，將它們一一收納，成為我的珍藏。這一刻，我再次肯定自己工作的意義：要使青藏高原鮮為人知的、總是被有意無意忽略的方面得以呈現。高原強烈的日光暖烘烘地落在我背上，透過衣服，鑽進身體內部，就成為一種可感的情緒，在胸腔中湧動。彷彿為了應和我這種情緒的波動，大滴大滴的雨水陡然而至，從半空中落下來。我看見雨滴如何落在草葉上，被明亮的陽光透耀著，在鏡頭前迸散開來。

此時，一位美女把一碗酸奶送到溪邊我跟前來。

照例，酸奶出現，這餐飯就到尾聲了。彷彿西餐時上了甜點。

我回到帳篷。客人陸續離開，回城裡酒店去休息。我也是客人之一，應邀來參加一個探討如何將當地文化遺產做產業開發的會議。在果洛，民間廣泛傳布的格薩爾史詩被視為這筆文化遺存的核心。所以，我做為曾寫作了長篇小說《格薩爾王》的作者，也應邀前來。同來赴會的人回去休息，我留下來，品嘗又一碗酸奶。幾位當地朋友和我坐在一起。雨劈哩啪啦地砸在帳篷上，我們開始交談。

一個個強悍的黑臉孔的高原漢子，都面露謙遜的微笑，語氣也極盡婉轉。

我很慶幸沒有離開，才因這一番交流而獲得了新知。或者說，這一番午間談話讓我有了此行最重要的收穫！

雨水落在帳篷上，同時我聽到了這樣委婉而小心的表達，「老師的小說看過了，寫得很好。可是，可是……」

我悚然一驚，立刻正襟危坐，「請講！請講！」心裡卻十分忐忑。

「老師的小說虛構了很多……」

我放下心來，「小說嘛，當然要虛構。」虛構的能力也是想像力，是一個寫作者的看家本領。

「你寫了阿古頓巴跑到格薩爾的夢裡去和格薩爾對話。」

我以為藏族民間口傳文學有兩個完整而龐大的系統。一個系統的主角是格薩爾。阿古頓巴則是另一個故事系統的主角。讓這兩個熠熠生輝但互不交集的人物在夢中相見，我自認這是自己小說的神來之筆。他們提到這點，簡直就搔到了我的癢處，我一口就喝

乾了酸奶，想要侃侃而談。但是，他們沒有給我這個機會，而直接說出了他們的意見，

「虛構？可是這個故事是真實的啊！」

「哪個故事是真實的？」

「格薩爾王的故事是真實的，都是歷史上真正發生過的啊！」

「老師你虛構這麼多，我們這裡的人有些擔心……」

「擔心？擔心什麼？」

「你的書有那麼多虛構，又有那麼多人看，以後人家聽到格薩爾故事，再不會相信格薩爾王事蹟是真實的，而要以為全是虛構的故事了。」

「呃！」

那麼多美味的食物沒把我噎住，這個問題把我噎住了！

迅即而至的雨也在瞬間停止了。有隻牛虻在帳篷裡嗡嗡飛翔。輪到我小心翼翼了，

「那麼，你們以為……格薩爾故事是真實的？」

「我們就是害怕老師虛構之後，外面的人會認為原來的格薩爾故事也是虛構的了。」

我明白了。

是的，歷史上本來有格薩爾這樣一個真實的英雄人物。那是強盛一時的吐蕃王朝崩

潰後，青藏高原上群雄並起，或割據一方、或相互吞併的混亂時代裡，一位雄踞一方的部落首領，一位兼併群雄的強國之王。但是，這個英雄並沒有在某個歷史寫本中被固化。他的事蹟傳播是以韻文的形式傳唱千年。這部傳唱史也是所有歌者與聽者參與藝術創造的歷史。這個不固定的文本，在每一次傳唱中被誇張、被戲劇化。在這個不斷變動的口傳文本中，那些並起的群雄中另外一些人的事蹟，漸漸匯聚到一個人身上。這個故事文本剛剛產生的時候，佛教對青藏文化的覆蓋還不如後世那麼深入與全面，但是，當這株故事樹日漸枝繁葉茂，佛教的觀念也不斷滲入，以至於很多版本成為宗教義理的通俗宣喻本。一千多年過去了，這個文本從一個部落史、一部小王國英雄傳，變成了一部藏人的百科全書，地理、歷史、風俗、自然觀念、情感、神靈的譜系，無所不包。

我想，所有這些都是虛構。

但是，這些年，我越深入這部史詩，越覺得未能真正懂得它。所以，和過去那些小說的寫作完全不同。過去，寫完一個題材，就會離開，去尋找新的疆土。但這一次，寫作完成後，我還在試圖繼續深入。這一回的果洛之行也是這種努力的繼續。包括當地政府正在嘗試的這個文化題材的產業化開發，也是一個令我感到新鮮的話題。而這次不經意的談話，又給了我一個新鮮的、從未設想過的知識空間！

現在我知道了，在果洛——傳說中格薩爾創立並使其空前強大的嶺國的核心地帶，有一些人——我不知道是所有人，還是一部分人，他們認為史詩所吟唱的故事，都是歷史的事實。而且，他們還擔心我這樣的當代小說家，在史詩基礎上又多所虛構的故事，會損害了這個故事的真實性。

這是我第一次聽到這樣的說法。

我沒有替自己辯護。我只是被震住了。雖然辯護是多麼容易。一般的文藝發生學的基本原理。或者就這個題材本身而言，專家學者們相同的見解。但在這裡，很多的問題，不是基於抽象的道理，而是一種強烈的情感。我只是有些理虧似的、吃力地解釋。說明我的文本是多麼微不足道，於《格薩爾》這部偉大史詩不能撼動分毫。這也是一個從祖先豐富的遺產中獲得啟示的寫作者應有的謙卑。

經過我這番吃力的解釋後，一個朋友表示，他會把我的這些說法寫成一篇文章，告訴給那些擔心虛構文本會對史詩真實性有所損傷的人。我這才推測，有這種擔心的人不在少數。或許，他們還不只是存在於格薩爾故事的核心地帶之一的果洛。

我知道，我們只是出於善意在試圖彼此理解，並不可能在這短短的時間裡就彼此說服。

帶著這個問題去參加下午的研討會。

散會的時候，過去訪問討教過的那位有著「畫不完的格薩爾藝人」稱號的藝人過來問候。他是一位著名的藏醫，同時，還創作了數量眾多、技藝精湛的格薩爾題材的繪圖。他不但用繪畫把格薩爾故事中眾多的人物做了生動的塑造，據說，其畫作還對史詩中遙遠時代的宮殿、服裝與兵器做了真實的還原。他拉住我的手，說：「你的書我們看到了。他們有些意見，不過還是很好。」

我想，「他們」和「我們」在這裡都是一個意思。

我問他，「是因為我寫的和原來的故事不一樣嗎？」

他笑笑，和我告辭了。

晚上無眠。因為這次得到的前所未有的新鮮經驗。

帶著這樣的經驗的震撼，我開始在果洛大地上行走。帶著這樣新鮮的經驗，我在燈下閱讀新得來的有關果洛與格薩爾的文字材料。在旅行中，遇到格薩爾藝人或其他人，我有意無意，拋出一、兩句閒談去試探。

諸如：「你演唱的故事是真的嗎？」

諸如：「格薩爾是一個真人嗎？」

他們總是淡淡一笑，「當然是真人了，當然，他後來成了一個神仙了。」

於是，我就在這古老傳說展開的人神之間的寬廣地帶中不斷遊走。有一處宮殿，是格薩爾王建立的。有一處湖泊，是他妻子曾經的傷心之地。有一塊巨大的冰川運動後留下的巨大的冰磧石，那是英雄的武士頭盔。黃河灘上的草原是嶺國百姓曾經的遊牧地，更是英雄降妖伏魔的戰場。你看，這片黃河與渾圓山丘間的草原，難道不是和史詩中吟詠的格薩爾賽馬稱王之地的地形地勢一模一樣？沒有人反過來想一下，一個遊吟詩人也可能在此景此情中，用眼前的地勢重新構建了那個盛大的場面。

在果洛，我觀摩了專業文藝團體用現代歌舞劇，重現格薩爾賽馬稱王的歷史時刻。而在一個露天廣場上，一所中學的學生們，在用古老藏戲搬演這偉大的傳奇。傳奇與現實如此交融，我開始理解，這些新朋友為什麼願意堅信，《格薩爾》這部穿越千年的傳奇是真實的歷史。

在果洛的最後一天，到了黃河上游的第二個縣——達日。晚餐之後，半天細雨，半天晚霞，應主人的邀請，我們去到河邊草灘上一個帳幕宮殿。我相信，這也是對於遙遠古代的一種模仿與重建。我們飲酒、交談、歌唱，並和這些新朋友再次交流。和他們的交流與跟專家學者的交流有所不同。在這裡，這不是一種知識，而是一種深沉的情感、一種堅定的信仰。

在史詩的輝煌時代後，彷彿一個長長的夢魘，青藏高原就陷入了長期的停滯。直到緊閉的智識之門訇然開啟，世界蜂擁而來，難以抗拒。這時，人們怎麼會不願意像在格薩爾時代一樣，是自己擴張了自己，不待世界湧入，自己就敞開心胸去勇敢地進入。

馬上英雄的時代很快就結束了，蒙昧的人們被高踞法座上的人教導引領，把自己的生境構想成一個壇城般莊嚴圓滿、且一切具足的世界，只需要祈禱與冥想，轉動的時輪會把一切有情帶到世界美好的那一面那一端。可是，世界美妙的那面與那端，我們靈魂寄居的此一肉身上的雙眼卻不得親見。可以親見的，卻是傳說中那個輝煌的英雄時代不再重現。

從這個意義上說，豈止是這些新朋友願意相信，本於歷史卻又多所誇飾的英雄史詩就是歷史本身，即便是我這個一起筆便知自己是在虛構與想像的小說家，也何嘗不是在幻想的引領下表達希望，表達一些超現實的夢想，關於英雄，關於浪漫，關於個人與族群的精神舒張。因此，我理解這些朋友的主張與情感。

那天深夜，一個朋友送微醉的我回酒店，我們又傾談半晌。

話題依然是格薩爾這株巨大的故事樹，關於藏民族口傳文學中的英雄傳奇，到底是鐵定不移的史實，還是渴望英雄再世而在想像中多所虛構——文藝的虛構不是謊言、不是基於事實，而是在漫長的失落後一種強烈情感的真實表達。從這個意義上說，即使格薩爾故事全是真實又如何呢？對我們今天這個平庸的缺乏英雄氣的時代來說，即便這部史詩全部呈現的都是鐵定的歷史，也已如虛構一般。

那個夜晚，因為酒意，我沉沉睡去。也因為宿醉的頭痛、因為心中那些揮之不去的糾結，我在清晨醒來，便再睡不著了，乾脆穿衣出門。在早晨清新的空氣中，穿過一個個黃土築成院牆的人家，在此起彼伏的狗吠聲中爬上達日縣城背倚的山崗。那裡的山嘴上，有一座高大的格薩爾高踞馬背的塑像。天陰欲雨。濕漉漉的經幡低垂不動。背後山下，小城正在蘇醒。一個個小院裡升起淡藍的炊煙。而在我前方，黃河從遙遠的天際漫漶而來，映著幽暗的天光，緩緩流淌的水面閃閃發光，帶著一種堅硬的金屬質感。

是離開的時候了。下山的路上，我數次回望那座白色的英雄塑像。這是短短幾天裡，我在果洛看到的第三座格薩爾塑像了。

是的，未曾離開，這篇今天才寫就的文章就已有了題目，名字就叫「果洛的格薩爾」。

# 山南記

# 從天上看見

飛國內航線，我一般會要一個靠走道的座位，為的是進出方便。只有去西藏，如果坐飛機去，我都會要一個靠窗的座位。航程到一半，就是憑窗眺望的時間了。眾神退場的時代，人可以飛翔，美麗河山，可以從天上看見。機翼下，一座座雪峰湧現，讓人聯想到佛教色彩濃重的藏文表達裡的修辭，正該說是一朵朵吉祥的蓮花浮現。這當然是一種象徵的說法。但一個象徵反覆使用，這比喻剛誕生時的生氣便日漸枯萎了。我搖搖頭，拋開這個只剩下乾癟的修辭空殼，只是靠在視窗口，看座座雪峰在機翼下一一顯現。

這群雪峰的東邊，是緊鄰四川盆地的橫斷山區的幽深峽谷。那些深切的峽谷中的一派翠綠，因為陽光折射而浮動著淡藍色的煙嵐，峽谷底部，一條條蜿蜒的河流亮光閃閃。我去過那些峽谷中幾乎每一條河流。同時也得承認，只真正到達過少數幾條的源頭，因為所有源頭都是那樣難於抵達。這每一條河流，無論我多麼熟悉它們中下游的牧場、村落、城鎮，多麼熟悉一條河流與另一條河流相逢會合的地方，但它們的上游，那些遠離人煙的雪山叢中的發源地，總是因為險峻而難於抵達。而從這樣的高度俯瞰，地理的祕密便一覽無遺。於是每一次飛行到達這個空域，我都會憑窗眺望。我看見雪峰頂上，堆積著厚厚的積雪。積雪堆積到一定數量，就會因為自身的重力慢慢往下滑墜。就這樣，一條條冰川在雪山上形成了，它們順著陡峭的山坡俯衝而下。其實冰川流動非常緩慢，但那龐大的體積，和自上而下的重力感，依然給人俯衝而下的強烈感覺。冰川下降到一定高度，在自峽谷中向上蔓延的綠色即將到達的高度上，它們終於融化了。在礫石滾滾的地帶形成喧騰的溪流。

這些冰雪在融化之前，它們在山頂深睡了很多年，又變成更堅硬的冰慢慢向著山下滑動了很多年，直到我從這樣的高度向著冰川凝視的這一刻，它們在冰川晶瑩的舌尖上融化為一滴又一滴水。天空蔚藍，白雲舒捲。下方翠綠的山谷正是盛大的夏天，這一刻，許多鮮花正在綻放。更重要的是，一架飛機，載著那麼多不同的人，飛過上方的天空。一滴滴剛剛轉換為液態的水懸掛在冰川的舌尖，在我乘坐的這架飛行器橫過天空時，輕輕震顫著脫離了冰川，匯入了細細的溪流。那是成千萬成億萬融化的水滴的匯聚。突然，這些瘖啞了許多年的冰雪聽見了自己歡快的聲音，同時，它們還感到，速度突然變快了，那些礫石與苔蘚一掠而過，當它們湧上青碧的草地時，它們看見了牧人的帳篷和牛羊。再過一個小時，等我降落在拉薩機場的時候，它們一定已經流進了峽谷底部的農莊。

雪峰繼續從機翼下滑過。剛才還在雪峰的東邊，現在已是在那些高聳的雪峰的西邊。我最熟悉的一條大冰川出現在眼前。在上方，它是兩條冰川，兩條冰川在一片鐵灰色的懸崖下匯聚在一起，兩邊的懸崖像一道緊緊的束腰，使得冰川在這裡高高隆起，然後，變成一個寬大的扇面撲向山下。第一次看到這條冰川時，冰川的下方，有一個灰藍色的小湖泊，然後，才是溪流在礫石中一瀉而下。第二年，冰川依舊，小湖卻消失了。這回，這個松耳石顏色的湖泊又出現了。和雪峰群東面山谷的幽深翠綠不同，西面的山谷開闊平坦，綠色變得相當稀薄，若隱若現。這就是說，已經離開了橫斷山區，來到了青藏高原的頂部。這裡，那些河谷最深的部分也在海拔三千六、七百米。這裡，所有從雪山下來的融雪水都改變了方向。它們大多向西向南。

雪峰群東面的河流叫鮮水河、叫雅礱江、叫大渡河、叫金沙江、叫瀾滄江。

現在，在雪峰群的西面，機翼下是寬闊的拉薩河谷，和更為寬闊的雅魯藏布江。

這裡以雪山為中心，發育眾多河流，這些河流又構造出眾多適於耕作與遊牧的谷地，所以，藏族傳統的典籍中才把高原遼闊的大地稱為「雪域」。最早具有人文主義啟蒙精神的藏族學者更敦群培曾經說過，「自西部的鄔仗那至東部的工布直至康定，都在這一雪域山脈的範圍之內。」

飛機下降。視野裡再無亮光奪目的雪峰，而是河谷兩邊並不高峻的灰色山巒。山巒中間，是閃閃發光的河水湧流，是河岸兩邊的綠色平野。這些綠色平野，順水而走，彷彿戈壁中的綠洲。

就這樣，我又一次來到西藏。來到喜馬拉雅山北側的雅魯藏布河谷中間。

# 山南

終於來到了山南。

到山南很容易，不像在青藏高原別的地方，要穿越崎嶇深峽，要翻越陡峭的雪山。出了機場，沿雅魯藏布江邊的公路而下，柏油路面平整，寬闊漫漶的雅魯藏布江面就在路邊，有時，江水去到遠處，平整的田疇，柳樹和楊樹林，或者是寬廣的沙灘隔在了江水和公路之間。平坦寬闊的河谷兩邊，山巒上土質瘠薄乾渴、植被稀疏。河岸邊生長著茂盛的柳林和高挺的楊樹，但高出河岸兩、三米的山坡，就被稀疏多刺的錦雞兒與沙生槐組成的低矮灌叢替代了。山坡與河谷彷彿兩個不同的世界。大多數時候，沿江而行的公路就是這兩個世界的分界線。山崖上，鐫刻著佛像和密咒。空氣通透，隨風振動的經幡上的藏文字母清晰可見。我有些恍然，這是因為神佛護祐了這片土地，還是因為期待中的福祉尚未降臨，耐著性子的人們仍在固執地祈求。江流與江岸的綠野那樣肥沃、那樣生機勃勃，彷彿真受著福祐，而江岸邊那些山崗，如此荒涼，似乎早被遺忘。

路牌上出現了一個地方，朗色林莊園。前年冬天我到過那裡，那座莊園的主體建築正在重建。以下的河谷地帶，就是我從未到過的地方。

到了桑耶渡口。我有些激動。江流寬闊。有不少人等待過渡到對岸。我沒有要求停車，我想，這幾天的行程裡，我會來這裡看看。我會從這裡坐船去到對岸，去看看西藏歷史上的第一座寺院桑耶寺。至今，在我家鄉嘉絨地方，一位名叫白諾雜納的高僧依然被高度崇拜。這個在遠離西藏的大渡河流域最早傳布藏傳佛教文化的高僧，一千多年前，就在對岸的桑耶寺剃度為僧，是歷史上藏族人中最早出家的「七覺士」之一。汽車開過渡口，我回身，看到渡船啟動了，去往彼岸。天上大堆的白雲倒映在江水裡，那渡船彷彿在天上滑行一般。

雅魯藏布江上的渡口都有漫長的歷史。

一位叫做亨利．海頓的英國人在一本叫《在西藏高原的狩獵與旅遊》的書中描繪了這樣的渡口和渡船，「在一個小小的河灣，我們看到有兩隻渡船正在那裡等著送我們過河。這是兩隻巨大的長方形的駁船，在船頭雕有粗糙的馬頭圖案。渡船裝載著十五頭負重的騾馬，由兩名船夫在船頭划槳，另外還有一個在船尾掌舵。」時間是一九二二年。

這位英國人已經是第二次來到這個渡口，他在書中寫道：「這次擺渡，讓我想起十八年前的往事。」那是一九〇四年，因為西藏地方政府拒絕英印殖民政府的通商要求，英印組成遠征軍，直撲西藏腹地，最後在拉薩迫使西藏地方政府簽訂城下之盟。這位英國人當時也是遠征軍中的一員。只不過這一回，他已經是應西藏地方政府的邀請，做地質與礦產調查了。他在書中寫道：「現在的木渡船看上去就像我們當年用過的那兩條，只是如今過渡的只是五、六個人和大約三十頭牲口。那一次，則有無數的人馬和裝備源源不絕擺渡到對岸，向拉薩進發。」

看過一篇作於一九六二年的《山南地區調查報告》，其中論及山南的交通：雅魯藏布江「這條南北大塹，利於行船，沿岸有牛皮船和馬頭船（一種木船）橫渡，溝通兩岸居民來往」。

這篇調查報告還提到，沒有公路以前的五〇年代，風平浪靜之時，有牛皮船從拉薩河順流而下，入雅魯藏布江，到山南。全程需要三天時間。

今天，我站在渡口，渡船還是長方形的平頭船，只是沒有船首的馬頭雕塑，而船尾也裝了一台柴油發動機代替了槳手。船上，是遊客、村民與朝聖的信徒，牲口變成了摩托車，還有一台小型拖拉機也想上船，但是被拒絕了。往下游不遠，有新修的橋梁可供機動車、包括載重汽車來往於兩岸，只不過需要多繞行一段路程罷了。

五〇年代修築了拉薩至山南首府澤當的公路。

今天，這條柏油路面的高等級公路相當平順，下飛機才一個多小時，我就到了山南地區的首府澤當。

住進酒店，房間裡有當地的旅遊宣傳品。跟我此前讀過的材料相比，更簡明扼要。

山南，藏文化發祥地。

這裡產生了最早的藏族人、最早的青稞地、第一個國王、第一座宮殿、第一座寺院。

澤當，直譯出來的意思是「玩耍的壩子」。誰玩耍呢？不是人，是猴子。那時，猴子們居住在壩子邊山前的洞中，後來，旁鄰的洞中來了一個魔女，引誘猴子與其交媾，其後代就是今天藏族人的先祖。六〇年代搞出《山南地區調查報告》的調查組考察猴子洞，並留下詳細的測量資料，「猴子洞身全為堅石，洞口東北向，直徑二．四六米，洞深四．四九米，口大底小成一錐形」、「看不出有原始人類居住過的痕跡」。

從網上查猴子洞的相關資料，那個洞的空間就大了很多。想必那是另一個洞窟了。網上資料描述這個更大的岩洞，「東南石壁上有猻猴手捧『曼扎』坐在蓮花上的彩繪壁畫及小猴畫像，還有淺刻的石板佛像及『六字真言』的各種石刻，五彩經幡比比皆是。」

傳說中有信史的影子，但要將傳說像信史一樣落實，難免出現這樣的局面。所以，那份考察報告也只是說，這對「考察山南歷史是不無興味的」。

傳說中還說，那個魔女與猴的後代日益繁衍，自然地便從吃山野之果而轉向野生穀物，再從採集野生穀物轉向種植穀物。於是，在山南澤當出現了西藏第一塊人工耕作的田地。

翻閱完這些資料，天色已近黃昏。我打開窗戶，目光越過一大片樓房，投向這座高原城背倚著的灰撲撲的山崗。根據剛才看過的文字，藏人產生的神話發生地就在山崗陰影濃重的某一道皺褶裡。那些猴魔交混的後代，遂成就了雅魯藏布江寬廣谷地中最初的文明。

這些初創文明的人群，正是後來在這片河谷中建立了吐蕃王朝的那個族群的祖先。

吃完飯回來，我憑窗眺望，深藍的天空下，星星閃爍。那山崗在山下城市燈火和天上的星光之間，變成了一個巨大而模糊的陰影。這彷彿一個意味深長的隱喻。天空籠罩的大地就是整個世界，它能用自然的光亮照亮自己，白天用太陽，晚上用月亮和星光。

眼下，山下新城密集燈光同樣強大，彷彿在說，那是過去，而這才是現在，同時是未來。在新城市輝煌燈火的輝映下，那沉陷於陰影中的神話的山崗，現在卻如此晦暗不明。

在燈下，打開行李箱，取出幾本吐蕃史著作放在床頭。有當代人的著作，也有西藏過去的佛教史家的著作。其中一本叫做《西藏的觀世音》。據說這本書是由印度高僧阿底峽發掘的「伏藏」。西元十一世紀，阿底峽到西藏譯經傳法，是藏傳佛教史上大有影響的人物。據說，這本書是他從拉薩大昭寺的柱頂上發現的。所以這本書還有另一個名字《柱間史》。這本書對獼猴與魔女的故事有詳盡的敘述。

在故事中，那隻獼猴是觀世音菩薩的弟子，遵觀世音之命到雪域山中修行，並給他起名叫獼猴禪師。某天，獼猴禪師修行時，一個岩羅剎女化成雌猴模樣來到他面前，「一會兒揚土，一陣子露陰以求交配，就這樣一連折騰了七天七夜」，但獼猴禪師不為所動。第八天，羅剎女變成妖豔的女人，禪師照樣不為所動。於是，羅剎女便以自殺威脅禪師。

禪師起了慈悲心，卻又怕毀敗戒律，便往普陀山請示觀世音這事該如何區處。觀世音說：「既如此，就與她成婚好了！」

結果自然是第一個藏人的誕生。「這孩子長得既不像其父、也不像其母，臉面赤紅，沒長猴毛也沒長猴尾，餓了吃生肉，渴了飲鮮血。」「有一天岩羅剎女飢不擇食，竟然要吃掉孩子充飢。獼猴禪師只好把他背到孔雀林中，暫且讓他與猴群一起生活。」

不想，一年後，獼猴禪師再去探望自己這個兒子時，發現他與林中雌猴群交已生下四百多個子女，他們因「不善攀援採擷，終日食不果腹」。獼猴禪師只好再往普陀觀世音處求解困之道。觀世音「賜之以青稞、小麥、穀子、豌豆和小豆等五穀種籽」，告訴獼猴禪師，他的子子孫孫就以此為食。

觀世音還把手中一把金沙撒向雪域吐蕃，對獼猴禪師說：「你的子孫後代最終將依靠黃金生存。」並預言「在他們中間將有超凡的菩薩相繼如期而至」。

獼猴禪師返回雪域後，當即撒播下了五穀種籽。秋天收穫後，他走出森林的四百多子孫吃飽喝足，自然歡舞騰躍，因此之故，吐蕃人最早的耕種與定居之地就叫做了雅礱澤當。

這是佛教史家以佛教觀改寫與覆蓋西藏史的典型案例。當神話被改寫變成浸透宗教觀的所謂史實時，歷史已經被意識形態固化，質疑這種神話化歷史觀的人，自會付出沉重的代價。

一九三四年，一個叫更敦群培的西藏僧人到印度求法，一九四六年，他返回拉薩。在通常意義上，一個僧人就是一個覺悟者，而當這個僧人走向寬闊的世界，並敞開心胸接納這個世界提供的新的智識時，他成了一個真正的覺悟者。他開始更貼近歷史與現實真實地書寫。他說：「使遇人驚愕的浮誇之詞，向顯貴諂媚的奴顏媚骨，讓信徒呻吟的神話故事，統統遠拋之，走我正直之路。」正是在這種信念的支撐下，他開始全新的吐蕃史《白史》的寫作。他在《白史》中明確地說，他的寫作，憑據的是三種重要的材料。最重要的是剛發現三十多年的敦煌文書；以及漢文史籍《新唐書》和《舊唐書》。可惜，不久他就被舊西藏地方政府投入監獄。《白史》一書寫至吐蕃國王芒松芒贊時代便戛然而止。監獄生活嚴重摧殘了這位智者的身心，釋放不久，他就於一九五一年病故於拉薩，走完了四十八年短暫的人生。

再來，我來到了那個盛極一時的吐蕃王朝歷史開始的地方。吐蕃，一個雅魯藏布江支流上的小邦而成的大國，宏大帝國又在盛極之時轟然坍塌。從那時到今天，世界又向前行進了一千多年。但是，這個曾經以盛大王朝為榮的族群，卻與世隔絕，如今要重圖振作已是相當艱難。甚而至於，這個族群一面以曾經的吐蕃雄強為榮，一面，卻連這個王朝的信史都沒有留下。曾用藏文寫下《西藏簡明通史》的恰白．次旦平措先生曾經說：「佛教興盛的同時，原有的古代文書都被銷毀，代替它們的是取自印度的一些傳說，這些傳說魚目混珠，摻雜進西藏的歷史，使得西藏真實的歷史無法傳播，搞昏了人們的頭腦。」

正是因為這個原因，這回所帶的枕邊書，主要是從敦煌和西域流沙中發現的吐蕃文書的斷編殘簡的彙編，以及對這些斷編殘簡的研究文獻。這些斷編殘簡，屬於名滿天下的敦煌文書的組成部分。

那是一個同樣令國人心傷的故事。敦煌文書四萬餘件，由斯坦因、伯希和們帶往外國。其中，藏文文書有八千餘件。這些文書，對吐蕃王朝由小邦而大國歷程（也是藏民族形成過程），及其社會結構、官制、對外關係，以及內部權力與宗教鬥爭的情形均有所記錄，可供今天人們來還原一部吐蕃歷史。台灣學者林冠群就在其論文集的序言中感嘆「吐蕃傳世史料的缺佚」，但無論如何，這些敦煌藏文文書，經中外學者孜孜不懈的努力，使得在藏族人自身認知中早已模糊不清的吐蕃王朝的面貌，又開始清晰浮現。所以林冠群們當然有理由感嘆，「唐代吐蕃種種，吾人很難與其後代的西藏相聯結，因為兩者間幾成鮮明強烈的對比。」

過去就有機會到山南。但山南，不是地圖上的一個簡單的目的地，山南是歷史的深處。一個民族、一個文化幽黯的歷史深處。這樣的深處，不可能輕易抵達。其實，我一直在期待。這個期待並不是要等學者們把歷史深處那些晦暗不明的未解之謎全部解開。我更在等待，這個民族自己——如果不是全部，起碼也應該是領受了現代教育的年輕人，知悉並接受這樣的研究成果，不只是從這些成果學到正確的歷史知識，還能領會到看待歷史的正確方法。我想看見，有現代感又具歷史感的西藏自己的年輕學人開始書寫。就像瘋僧更敦群培寫作《白史》那樣開始書寫。我知道，從歷史到現實，把一切該認知的加以認知，把一切該廓清的晦暗加以整理，然後，一個失去活力的民族以理性而覺醒的姿態，主動融入現代社會、主動建設一個現代社會的時候並沒有真正到來。

我想起一個黑非洲詩人的詩句：

> 有人問起，兩個國王中哪個更好些？
> 你們首先應該回答：哪一個更卑鄙？

我沒有見過人問這樣的問題。從古至今，人們爭先恐後在做的，只是挑選一個國王。歷史進展到現在，已經出現了多少個國王？更有甚者，當統一的吐蕃王朝崩陷，在青藏高原這塊以雪山為柵的孤絕之地，常常同時出現好幾個王。那樣的情形下，如果不問後一個問題，誰的選擇也不會正確。

帶著滿腦子這樣夾纏不清的思緒，我睡去。然後，又醒來，我看見了天上接近圓滿的月亮。我起身到窗前，再次眺望那些灰色山崗。傳說中，在山上的某個洞窟，那隻禁不起誘惑的猴子，因為自身的不堅定而產生了後代。有人說，那不是猴子不堅定，那是神的安排，是一種宿命。如今星散在高原上寬大河谷中耕種的眾生，在那些高曠草原上遊牧的眾生，他們的命運因此也難以選擇？那個山洞依然隱藏在山溝皺褶濃重的暗影中，不能看見。時間是凌晨三點。我倒回床上，卻再也不能入睡。一直在想像那個山洞。如果那個山洞真發生過那樣的事件，我敢肯定，它早不是原來的模樣了。它是一個聖地。空中一定飄揚著經幡，岩壁上一定鐫刻了漂亮的字母，這些字母組成一些有奧義的經咒。

天一放亮，我就到這個新城中行走，四處看看。水泥鋪就的街道那麼寬闊。沒有人，也沒有車，紅綠燈依然在規定的時間間隔裡明明滅滅。筆直寬闊的街道用遙遠內地的省分命名。因為那些省分出錢建築了這些街道。我順著這樣的大道走到城外，看見柳林和楊樹掩映的村莊升起了炊煙。收割不久的莊稼地裡，覓食的鳥群起起落落。在西藏，新起的現代城鎮總顯得有些突兀，好像是火山突然噴發，一夜之間就造就了一種新的地貌，堅硬，簇新，象徵著一種不可阻止的力量。而在這些建成不久的街道盡頭，是那些有上千年歷史的村莊。這些村莊裡的人們的祖先，曾經有可能用自己的方式建成城市，但是，他們早就放棄了這樣的努力。只是在低矮的土屋中間，建起了一座又一座金碧輝煌的寺院。現在，我就站在古老村莊和嶄新的城市之間，身後的城市代表的就是對於充滿預言的佛法來說，未曾預言的事物與力量。

重要的是，這樣的城市不是由這裡的人們自己建成的。更重要的是，一千多年前就在這裡建成雄偉城堡的人們，不知什麼時候已然消泯了創造的欲望。

就在那一刻，我決定不去看那個山洞了。

早餐時，有很多在這個酒店裡開會的人。從他們的交談聽得出來，他們是這個地區從事統計工作的人。他們正在這裡學習新的統計方法：表格、口徑、一些資料的計算公式。也就是說，一種新的方式正將這個地區盡量精細地納入。

# 藏王墓

接我出遊的車來了，司機問我是不是先去那個山洞。

我搖搖頭，說，藏王墓。

藏王墓？

司機一臉茫然。我想這是因為語言的原因。我用的漢語。於是，我換了一種語言。司機還是一臉茫然。我說的是對西藏人來說一個遙遠地方的方言——這是一些自認正宗的藏族人不承認為藏語的方言。這種語言叫做嘉絨語。以西藏中心的觀點來看，我來自一個偏遠的地方。對山南這個中心的中心來講，更是如此了。當然，這位樸實到有些木訥的司機沒有這樣的故意。他就是聽不懂。對他，對我，這只是一種簡單的語言現實。他和我都不會故意把這個問題抬升到某種高度。這個高度，是那些因為失落而總要發洩不滿與憤怒的人的道德支持——有了這個支撐點，任是什麼樣的怨毒都會具有某種崇高感。

我對司機說，問問吧。問到第三個人，就知道這個地方的所在了。我們剛好走錯了方向。那個剛從某個單位的鐵柵門後走出來的人很和氣，說，掉頭，看見去瓊結縣的路牌一直往前，藏王墓就在縣城旁邊。

司機也明白過來了。他用西藏藏語念出了那個名字。汽車向著目的地飛奔而去。

我問他是本地人嗎？他搖頭，他來自拉薩市下面的一個縣。再問車是他自己的嗎？老闆的，他用漢語說了一個詞，打工仔。他的老闆是一個幹部，買了車，僱了他，出來掙錢。這回，他在電影劇組裡已經待了三個月了。他問我，你是拍電影的老闆的朋友嗎？我在想，要不要告訴他說我是這部電影的編劇？這時，一個哨卡出現在公路上。昨天從拉薩到山南，就遇到了兩個哨卡。員警看看身分證，再看看我，就揮手放行了。也許是因為車窗上放著劇組的牌子吧？我不知道。

如此這般，瓊結縣城就到了。醒目的棕色路牌出現了。上面標識了去往藏王墓的方向。

拐出縣城，上了一條不那麼平順的公路，也就一公里多，田野中，村莊和縣城之間，那些巨大的土丘出現了。我知道，這就是藏王墓了。那位有些木訥的司機因為內心裡的某種東西，臉上有了表情。停車的時候，他低聲說，自己從來沒有到過這裡。

這裡的冷清讓我感到驚異。

沒有遊客。也沒有喜歡朝聖的藏族人。

這裡沒有遍布西藏的聖地景象，除了靠近路邊的土丘上有個小小的寺廟式建築。我驚異。這裡才是真正的歷史。躺在這些巨大土丘下的那些人，才是真正使一個民族、一個文化得以成立的人。但他們顯然不被看見，或者，已被遺忘。以至於我都懷疑，自己是不是真的來到了埋藏著吐蕃王朝最為強盛時的那些偉大國王的地方。但就在路邊，一個牌子上出現了文字。藏王墓，某某級別的文物保護單位等等。我的確沒有走錯地方。但是，沒有任何標誌，說明哪一座陵墓屬於哪一個國王。

來前做過功課，知道路的右邊，頂上有一座小寺廟的大土丘，大約是松贊干布墓。我沒有順著新修不久的水泥階梯去看那座小寺院，而是圍著這個吐蕃最偉大國王的陵墓轉了一圈。陵墓封土堆的背面，向著田野和一條小河，那些夯土經過一千多年的風吹雨刷，有許多已經崩塌到下面的河溝，又被水流沖刷到下游。再遠處，是雅礱河更寬闊的河床。那些被雨水沖刷的溝槽中長出了蒿草和忍冬灌叢。而我腳下的碎石與乾硬的土路，也是從封土堆上崩塌下來的。一圈轉過，我又回到了原點。

在公路的左邊，是另一座巨大的封土堆，我越過公路，同時在猶豫，要不要登上這一個光禿禿的丘頂。這時我看見，就在那座土丘頂上，坐著一個牧羊人，周圍四散著他放牧的羊隻。羊群不大，也就三十隻左右吧。於是，我也登上了那座土丘。那個牧羊人表情木訥，看了我一眼，沒有說話。在我腳下，更像是一座尋常的土丘，而不是一座王陵龐大的封土堆。這些泥土混合著細碎的沙石，質地灰白，和附近山坡上的土質幾乎一模一樣，一樣的堅硬，一樣的瘠薄，一樣的乾枯。我都不明白，這些羊在這裡可以尋到什麼可以果腹的東西。這個平坦的土丘頂上，稀疏生長著的，都是標誌生態環境惡化的植物——多刺的錦雞兒和沙生槐。那些羊伸長舌頭，試探著在那些灌叢枝上把尖刺與綠葉分開。除了這些多刺的灌叢，就是這裡一叢那裡一叢的草麻黃了。這種植物，莖就是葉，葉就是莖。我想羊很難咀嚼與吞嚥。這些羊，在這樣的環境中，成了一種悲哀的動物。看看牠們灰色的眼睛，其中的悲哀真是無從言說。丘頂上有強勁的風。我在這丘頂上環繞兩三圈後，也坐了下來，望向遠處。隔著一片收割後還沒有翻耕的青稞地，我望見了另一座王陵。那是一座同樣的土丘，突兀在田野之上。倒是那些豎立著的麥茬，在強烈日光的照耀下，閃爍著光芒。麥茬間有覓食的鳥群起起落落，給這片沉寂的風景增添了些許生氣。越過那座土丘，又是一片田野。然後，就到了灰色沉重的山體跟前了，那裡有更多的陵墓。但是年深日久，那些封土堆已經和山陵混為一體，難以區分了。想想上網上找資料時，有叫了吐蕃之子的人，或者諸如此類網名的人，鬼影一樣出沒在網路空間裡，說著暴戾的語言，說著怎樣為吐蕃的業績而驕傲的胡話。其實，從那些談吐裡，你就知道，或許他們真是吐蕃人的後裔，但他們並不明白吐蕃是怎麼一回事情。這樣的人應該來到這裡。只有在這樣的情景中，他們或許才會明白，一個民族在歷史的長河中失去了什麼，又遺忘了什麼。我說的不只是史實，而是使那些偉大史實得以成立的精神。簡單的人種學與民族學的常識告訴我，從血統的意義上講，我不是吐蕃人的真正後裔。但在這樣一個地方，此情此景，即便是與我完全無關的一個族群，我也會深感悲傷。比如，在埃及，那些彷彿精華耗盡的沙漠上，看見那些雄偉的正在傾圮的金字塔時，我心裡湧起過同樣的悲傷。

不，不是悲傷，而是一種寬闊無邊的荒蕪之感。

我不想感嘆古人的偉大，因為這種偉大如果沒有得以延續，而是走向衰敗，那只能激起比悲傷還要強烈的荒蕪之感。

當我覺得自己不想再受這種悲傷折磨的時候，我對幫我背著攝影包的司機說，我們回去吧。

他問我，不要再看看另外的那一些嗎？我搖頭。

他又指著上面有一個小廟的那一座，要不要上去看看？我仍然搖頭。下了土丘，我和他一起，又圍著據說是松贊干布墓的這座土丘繞行一周。我以為心裡會有些什麼想法，我以為心裡會湧起來一些話。但我木然著，沒有想法。從下往上仰望，風吹過的時候，雨水在土丘邊緣沖刷出深深淺淺的溝裡，有泥土沙沙落下。

我離開了。再回頭時，視野裡只是瓊結縣城高低不一的樓房，那些曾是雄偉陵墓的殘存土丘已不可見。

回到山南，查閱資料。知道藏王墓靠著的山叫丕惹山，意為增長之山。真是如此意思的話，那真是一個巨大的諷刺，一千多年，青藏高原除了神祕威嚴的教法流布，其他方面真的未見增長。資料上還說，這裡是吐蕃王朝時期第二十九代贊普至第四十代（末代）贊普、大臣及王妃的墓葬群。

也是資料上說，藏王墓究竟有多少座？眾說不一，由於長年水土流失及流沙的堆積，位於山坡的幾座陵墓已與丘陵相混，不易辨認，現在可以清晰辨認的封土堆一共九座。

據藏文史料記載，「君死，贊普之乘馬、甲胄、珍玩皆入墓」、「墓內九格，中央置贊普屍，塗以金」、「墓內設有經堂五座，藏各種珍寶」等等。

據更敦群培未完成的史學著作《白史》記載，藏王墓群中也不全是吐蕃國王的陵墓，也有藏王妃葬於其中，「薨時，將骨肉和金粉，盛鐵瓶中，埋藏地下。」

九世紀中葉後，吐蕃王朝因宗教之爭而分裂、而崩潰，雅魯藏布江河谷的這一帶發生大規模的奴隸起義，贊普陵墓全被搗毀，財寶被掘，藏王們的屍身被棄、被揚灰，有文字說，現在的藏王墓只是衣冠塚而已。如此說來，這些陵墓都早被起義者掘開，裡面的屍身與珍寶都被挖掘殆盡了。想在網上搜尋更進一步的資料，再不可得。輸入不同的關鍵字，打開幾十個不同的網頁，所說都大同小異。這就是西藏，這就是西藏史，這就是西藏文化，真正的問題，總是很難得到詳確的答案。對於後世在青藏高原占了主導地位的宗教，這些都是不重要的問題，他們認為不重要的問題，自然不會留下答案。他們認為重要的問題，卻又不是事實的呈現，而是以種種神話代替史實。

但是，歷史並不總是被自欺也欺人的神話所遮蔽。不論是哪個民族，總有對歷史懷有真正敬意的人們，把嚴重神異化的史料去偽存真，一點點用科學的方法還原著歷史。吐蕃強盛的時代，曾在河西走廊建政近百年，以致後來發掘出的敦煌文書中，還倖存了數千卷藏文文書，還有外國人在同樣被吐蕃帝國占領過的西域流沙中，發現了一些藏文殘簡。這些發現，都為那個時代的社會面貌提供了一些生動的細節，更重要的是，為外向擴張時的吐蕃留下了某種精神寫照。於是，由藏王墓那些封土下的國王們建立的功業，才重新進入我們的視線。

# 雍布拉康

離開藏王墓，在一個藏餐館裡就一碗湯吃了幾個包子，算是午餐。

繼續上路，汽車沿著寬闊的雅礱河谷行駛。

說說地理，雅礱河是雅魯藏布江南邊的一條支流。這條河和它的那些支流，大多都來自高聳在更南邊的喜馬拉雅山間。

山南首府澤當，最早出現藏族人，出現最早農業文明的地方，都傍著雅礱河岸，都因為雅礱河水的滋養。

車開了一陣，司機又問，再去什麼地方？

正好，一座城堡出現在前方的山梁上。這是從照片與電視圖像裡早已稔熟的建築。

雍布拉康？我問。

是的，雍布拉康，藏人史上的第一座宮殿。這座建築連接著一個遙遠的傳說。早前，古代的牧羊人們在山上放羊，遇到了一個人。人們問他從哪裡來。這人不說話，用手指指天。信神的人們便認為他是從天上下來，是神要顧祐他們的意思，於是把這個不知來自何方的人扛上肩頭——也就是典籍記載中的「以肩為輿」——抬回村莊，擁立為雅礱河流域的黑頭黎民的王。這個人遂被後來從雅礱部落興起的吐蕃王朝追溯為第一個國王。這段歷史傳說，在敦煌吐蕃文書中也有記載，「大蕃聖神贊普自天而降，入主人間，成為黔首的君主。」後來，又有人增加了國王家族的神間譜系，「在廣闊蒼穹之上，住著天神父六主之子，三兄三弟加上墀益頓次共七人。」而那位從天而降的聶墀贊普，他是墀益頓次之子，「做為澤被大地之人主，滋潤土地之甘霖，降臨大地。天神之子，先為人間之主。」

那時，雅礱河谷地帶的農業耕作應該已經有了相當的水準，雅礱河兩岸那些山崗定然也沒有如此荒涼，一定還牧草青碧，適合放牧牛羊。所以，他們才有財力與技術為他們擁立的王建造一座宏偉的宮殿。從此開始，那些為王建造宮殿的人、那些最早種植青稞的雅礱人的身影，便清晰地出現在歷史的地平線上。

但是，這座宮殿的地址是誰選下的？是那位叫做聶墀贊普的王？他要選一個高處，從那個地方，登上樓頂，就可以俯瞰他小小的王國，那些田疇與村落，稍稍抬頭，就可以看見山間的牧場與牛羊。當然，要是有人意圖謀反，王就在一個居高臨下的地方。

也許，建造這個宮殿的時候，王沒有說話。因為他還不知道怎麼樣做才是一個真正的王。是服從百姓的意願，還是把自己的意志強加於他們？也許，有百姓中的智者出來說，王的宮殿要建在高處，可以供我們仰望。這樣的高處，國王想看見我們的時候，就不用勞煩他老人家親自來到我們這些低賤者的身邊。而且，在那樣的高處，樓頂緊貼著星空，晚上，國王可以和天上的神悄悄說話。總之，無論是出於百姓還是國王的意願，雖然大部分人喜歡住在平地，國王的宮殿就建在了險要的高崗之上。從此，有些人就要高高在上。從此，這似乎便成為了西藏建築的定制，重要的建築——王宮、寺院、叫做「宗山」的權力機構都要建在高峻的山上，居高臨下，俯視眾生與塵寰。

據說，吐蕃王位傳遞到二十八代，天上有佛教的經卷與法物下降到雍布拉康宮頂。同時，天上發出聲音說：王位還要再傳五代，那時的人們才會懂得這些經卷的意義。再傳五代，就是吐蕃歷史上最偉大的國王松贊干布。那時候，吐蕃已經走上了對外征服之路。先是統一了雅礱河流域各部落。然後，從雅礱河谷前出，征服並統一了更加廣闊的雅魯藏布江中游的富庶的農耕河谷，再北上，侵入拉薩河谷的農耕流域。那時，相對四周環伺的地理位置更高的遊牧之國們，農耕為主的吐蕃是一種更先進的文明。這個富於活力的文明，在與周圍那些遊牧為主的國家的戰爭中均取得了勝利。最先被征服的是今天西藏阿里為中心的羊同，和藏北草原為中心的蘇毗。鬥爭也是激烈而殘酷的。敦煌吐蕃歷史文書中對此有簡略記載。松贊干布父親在位時，這些新征服的地區全面叛亂。國王自己也被毒殺。「王子松贊年幼親政，對進毒為首者諸人等斷然盡行斬滅……」並依靠一個叫做芒布傑尚囊的能臣，「對蘇毗一切部落不用發兵征討，以舌劍唇槍征服之。」也是這個時候，松贊干布把吐蕃的都城從雅礱河谷遷往更靠近北方新征服之地的拉薩，並把吐蕃的新舊疆域分為五個叫「茹」的行政區，進行管轄。

松贊干布也是引佛教到西藏的第一位國王。

據說，文成公主入藏後的第一個夏天，就在雍布拉康宮殿中度過。還是據說，更多時候住在拉薩王宮的松贊干布，對雍布拉康進行了改建。具體說來，就是增建了兩層樓的殿堂。殿堂底層為佛殿，二層為法王殿。至此，雍布拉康由王宮改作了寺廟。有了廟，就有了僧，於是，後來的人們又陸續新建了僧舍。後來，建築前的小台地上又有了佛塔。再後來，已經是清康熙年間了，五世達賴又為雍布拉康高大的碉樓式建築增建了閃閃發光的金頂。

所有這些建築都毀於二十世紀六〇年代。眼前的建築，是二十世紀八〇年代恢復重建。

現在，我來到雍布拉康跟前。山下，正在大興土木，蓋房子，用水泥鋪路、鋪停車場，原來農耕的村莊正在演變為一個初具規模的旅遊小鎮。小鎮周圍是農莊和麥田，鎮子外面是公路，再外面是流向雅魯藏布江的雅礱河。出了鎮子，高聳的白色建築就在上方的山梁。山不太高。但這裡平地的海拔就在三千七、八百米。對來自內地的遊客來說，要攀爬上去實在有些艱難。這種艱難創造了商機。上山的路口有村民牽著馬等待遊客的僱傭。也有人沿著曲折的山路攀爬上山。少言的司機幫我背上了沉重的攝影包。我只拿著相機，加入了攀爬者的行列。

兩千多年前就有人不斷上下的山路兩邊，肥沃的土壤已被沖刷殆盡。乾燥的碎石與風化嚴重的岩石縫中，還是有頑強的植物在生長。蕁麻，蒿草，還有枝條乾瘦的灌叢，是某種丁香，在灼人的高原驕陽下開放著細碎的小花。在照相機的鏡頭裡，這些堅韌頑強的花朵有著別樣的美麗。這些年，我一直在拍攝這樣的花朵，將其視為高原生命富於活力與美感的一種象徵與替代。

二十多分鐘吧，我就站在了那座依山而建的高聳但有些逼狹的建築跟前。有一塊小平地。平地邊有熏煙的香爐。有人出售熏煙的材料。那是由高山杜鵑的枝葉與伏地柏的枝葉混合而成的碎屑，投進爐中，就會升起香氣濃烈的青煙。無風的天氣裡，這些煙柱，就會升騰而起，上接雲天。這些熏煙的材料分裝成小包，三元一包。本來打算買兩包來投進香爐。可一個心情複雜的人，說不出簡單的祝頌與禱詞，於是作罷。於是，登上特別陡峭狹窄的石頭階梯，來到了雍布拉康的主體建築跟前。先是一個光線昏暗的前室。裡間佛殿裡的燈油味和香火味飄出來，充滿了房間。門口左手邊有一張桌子。兩個幹部模樣的人坐在桌子後面。一個人在誦念佛經。一個人出售門票。我掏錢的時候，已經走到佛殿門口的司機轉身對我說，藏族人不用買票。

我也準備享受一下這個特別的福利。

那個幹部模樣的賣票人正色問：「你是藏族嗎？」

面對這個問題，我有猶豫。過去我肯定會回答說，是。因為身分證上這麼寫著的。但現在，我的確猶豫。因為有人說，用漢語寫作的人不算是藏族人。還有人舉證我的血統，我只是母親是藏族人。近來，更聽到進一步的說法，我所在的那個叫做嘉絨的部族，不算是真正的藏族人。的確，那個四川西北部群山深峽中的部族，只是在吐蕃最為強盛的時期被短暫統治，並在那個時期接受了藏傳佛教。最近看到《鳳凰周刊》上披露二十世紀五〇年代國家識別並劃定少數民族成分的材料，才知道，我們這個自稱「古魯」的部族，原來定為未識別民族。最後，又不知為何劃入了藏族。我們也一直以藏族身分示人，並以為自己就是真正的藏族人。但這些年，這個問題對我越來越成為一個問題。所以，面對這樣的詰問，我幾乎無從回答。是，有冒充的嫌疑。不是，有更嚴重的詞在伺候著，這個詞叫做「叛徒」。

好在對方遞話過來了，「身分證，我要看你的身分證！」

我都沒有想這個景區賣門票的工作人員有沒有看我身分證的權利，手就已經從包裡掏出身分證遞了上去。

對方看了身分證，說：「不像。所以要看你的身分證。」

我想問他誰像，但沒有問出口。

收回身分證走向佛殿。還沒走向門口，身後又響起了那個人的聲音，「你！」

我轉身，「我？」

「對，你！你不是藏族嗎？我們藏族進佛殿都要脫帽！」

我知道進佛殿要脫帽。問題是我還沒有走進佛殿。再說，脫帽如果是基於一種自由的信仰，那我也可以不脫帽。是誰在規定藏族人必須是一個佛教徒。而且，脫帽也只表示這個人保持了形式上的順從與虔敬，內心呢？至此，我已經遊興索然。但還是把那些臉上貼金的塑像瞻禮了一圈。殿裡明亮一些，因為有天光從樓上漏下。我上到二樓，去到外面的天台。從這裡，可以俯瞰下面的雅礱河谷。金黃的青稞地，碧綠的流水。但四周的山野光禿禿的。我在一篇去河南周口的文章裡寫過，我怕去那些說是文明發源的地方，因為那種輝煌耀目的歷史與今天的現實，恰成一種強烈的對照。我說過，那樣的地方，總給我一種精華耗盡的感覺。越是那樣的地方，越會遭逢愚蠢與狹隘。望著人煙稠密的河谷四周的濯濯童山，想想藏族人自己，兩千多年了，僅就建築而言，再也沒有過能超越這舊王宮的形制與範式，我不禁悲從中來。

高處，風呼呼有聲，再不下去，會吹出人的眼淚來。

下了樓，再經過佛殿前賣票的前室，那個賣票人看我有揭穿了騙局的勝利者的目光。

下了山，時間是下午三點。

司機說，距此不遠，就是桑耶寺，要不要去看看？我想，也許又會經歷令人尷尬的身分盤查。而且，我不想那裡的熱鬧反襯了藏王墓的冷清。算了，回酒店休息吧。小睡一會兒，起來查閱網上資料。說雍布拉康建立的那個藏曆木虎年，據推算是西元前一二七年。我有些驚訝。再查山南地區的政府官方網站。上面也說，該建築建於西元前二世紀。修建它的是，從天上下來的第一位國王。但我想，這個時間無論如何可能都太早了一些。網上的東西不可靠，便翻閱自己帶來的隨身書籍。上面推論，建立雍布拉康的時代大概相當於西漢。這看起來較為可信。吐蕃從第一個國王傳承二十八代到松贊干布。松贊干布在位的年代有信史可考，即西元七世紀。那麼，二十八位國王在位不可能有七、八百年時間。如果這樣，每位國王平均在位有三、四十年。考吐蕃王位傳承，多是王子到了親政的年紀，老國王便要讓位，這樣長的國王在位的平均數似乎並不可靠。這讓我想起義大利藏學家杜齊在《西藏中世紀史》中說過的話。

他說：「在拉薩和雅礱的城堡裡，古代國王的光榮業績說起來還是很動人的。時世越發艱難，古代光榮業績越成為陳跡，各式各樣的傳奇就越發賦予它們以各自的解釋，用繽紛的色彩塗飾過去的幽靈。幾乎所有貴族家庭都自誇是古代贊普、大臣、將軍、幕僚的後代。」但現今，大多數世襲的貴族失去權力與尊貴的地位半個多世紀了。原因可能是在歷史的重要轉折關頭，高原上的人們做出了一個錯誤的選擇，把希望的實現完全委託於出世的佛法。於是僧侶集團成為權力的中心，形而上的信仰變成了現實的約法。於是，民族與國家如何強健這種現實考量，卻依憑了虛無的祈禳。比如說，輪子在所有文化的出現，都是製造去到遠方的車，更進一步，是造成種種機械。但在青藏高原上，除了水磨房，所有該出現的都沒有出現，出現的是經輪。具象者是手搖的、手推的、水沖的種種經輪。抽象的，金光燦然，在寺院的高頂之上。

晚餐時，我四周還是坐滿了開統計會的幹部。這是一個與雍布拉康截然不同的世界。我知道，他們統計出來鼓舞人心的資料，我會從電視裡、從報紙上得以看見。但是，還有另一個世界，深潛在這些資料的下面。那不是統計學意義上的，那裡永遠有人在發問，你是什麼人？那裡永遠有人在宣判，你不是什麼人。世界在統計資料裡大步前行。但在這些表格與資料之外，還有另一種晦暗而尖銳的生活，讓人覺得，這個世界也許沒有未來。

# 雅拉香波

來山南的第四天。

飛機，汽車，檢查站。

去劇組探班。

去藏王墓和雍布拉康。

第四天——昨天司機問明天去什麼地方，我說什麼地方都不去了。沒想到的是晚飯時遇到從拉薩來的熟人。他們陪記者來山南採訪。聊天時我問他們，有沒有近便而且自然風景好的去處？答說雅拉香波雪山啊！還告訴我，雅礱河就從雅拉香波發源，一路奔流而下，造就了雅礱河谷。於是，我決定上雅拉香波。而且，兩位朋友還決定一個人陪記者團、一個人帶了他們的車陪我上山。

雅拉香波雪山海拔六千六百三十六米。就是這座雪山，哺育了全長僅六十八公里的雅礱河。但就是這段短促的河流，在高原河谷中哺育了輝煌燦爛的吐蕃文明。

我想起從飛機上往下俯瞰時所見的景象。雪峰上晶亮的積雪變成一條條冰川凝重地滑向山下，然後，冰雪變成流泉，流泉壯大，奔向河谷地帶的田野……大自然慷慨的賜予，使人類得以繁衍孳息、創造文明。人類理應順應自然。但人類的歷史，反倒常常是輕慢與辜負大自然美好情意的歷史。正由於此，在好多自然哺育了美好文明的地方，大自然便日益憔悴與枯萎，那些文明也隨之萎頓凋零了。人類伐盡山上的樹木建造偉大的廟宇與王宮，又在人類自起的衝突與戰爭中毀掉它們。然後，再次開始重建。就這樣，一次次的悲劇重演，終於毀掉了自然的精華。讀到過一則與雅礱河谷的吐蕃王朝有關的史料。我不想費神再次去查閱這則史料，在這裡準確引用。在那則史料說到的年代，在雅礱河谷中構建吐蕃國宏偉的建築已經得翻過大山，去喜馬拉雅山更深處的工布地區砍伐柏樹，並千辛萬苦運送到此地。而正是那些無從忍受沉重勞役的奴隸暴動了，結果，不僅是新的建築沒有建成，連一些過去的建築也毀於戰火。戰亂平息後，一切重新開始。百姓為重建又擔負更多的賦稅、更重的勞役。而自然的進一步損毀，卻沒有在歷史書中留下半個字母。以祈求人類幸福為號召的書與經，也沒有討論過人在損毀自然的同時，也損毀了自己的精神與情感。

太陽出來了，我們正穿越河谷中的田野，順雅礱河而上。

河流的下游，青稞與小麥都收割了，土豆也收穫過了。羊群四散在田野中間。相對於荒蕪山坡上那堅硬多刺的耐旱植物，田地裡、田地邊那些草肥嫩又多汁，這樣的季節，真是羊群們的節日。我在冬天到過同樣的河谷地帶。那時，植被都脫盡了葉子，河流枯萎，風把河灘上的沙吹到山坡跟前，又把山坡跟前的沙塵揚到天上，使得河谷中的村莊與日子，都在灰濛濛的塵土籠罩之下。而現在，在這個世界，大自然正呈現出它最美好的那一面。陽光明亮，植物碧綠，河流豐沛而寬廣，一個個掩映在綠樹叢中的村莊都顯得自足而安詳。在我眼中，那就是被自然之神祝福與祐庇的模樣，那就是幸福的模樣。

就在這樣的情景中溯河而上，地勢漸漸抬升。還未收割的莊稼地出現了。一片片沉甸甸的金黃和藍天相互映照，除了穿過田野的公路，以及田野裡的輸電線路，一千多年前，這片河谷應該就是這樣的景象。吐蕃第八代贊普布德貢傑統治時期，雅礱部落已經有了發達的農業。只是按歷史的寫法，這樣的功績，總是歸於帝王。藏文史書《賢者喜宴》中記述道：「其（布德貢傑）聰睿之業績是：燒木為炭；煉礦石而為金、銀、銅、鐵；鑽木為孔；製作犁及牛軛；開墾土地，引溪水灌溉；犁地耦耕，墾草原平灘而為田畝；於不能渡過的河上建造橋梁；由耕種而得穀物即始於此時。」我們當然不相信，一個國王不論如何聰慧睿智，也不可能同時做這麼多事情。卻可以相信，在他的統治時期，他鼓勵和倡導著技術文明的進展。如果換一種歷史觀，也許這樣的國王才是比那些開疆拓土、強力推廣佛法的國王，更多造福了子民的偉大而賢明的國王。

接下來的吐蕃國王統治時期，生產技術還在繼續進展。

美國藏學家皮德羅．卡拉斯科在《西藏的土地與政體》中引述藏文史料。他寫道，布德貢傑國王的「繼任人赤年松贊的有生期間，邊遠河谷受到了注意，並開墾為田地。湖都裝上了水閘，湖水引進渠道。夜間積蓄的冰河水白天用於灌溉」。「在達日年細時代，開始混雜飼養了犏牛和騾。」這兩種力畜，都是不同品種牲畜雜交的後代。

松贊干布時期，吐蕃社會已經相當發達，人們開始講求生活享受了。「發明了各種塵世食物：米酒、青稞酒，簡言之，各種食物必需品；用牛奶做成了凝乳，用凝乳做成黃油和酥油，由酥油產生乳酪，用泥土做成了壇盆；利用水推磨；用紡織機紡織及多種機械工藝。」

也就是說，藏人今天的生產方式與生活面貌，早在一千多年前就已然確定，以後幾乎很少改變。卡拉斯科因此說：「這個古代王朝的農業形態和稅收制度與後來各時期完全相似。」這是在說前朝的光榮，還是在說後世的萎靡？

繼續轉引卡拉斯科的話，「藏王牟赤贊普所進行三次窮富平均，意圖在於保持農民的平均分配制度。」

然後，轉折出現了。「藏王赤松德贊制定的法律確立了財產繼承權，並一直保持至今：在幾個兒子之中，年長者居住在家中，年少者進入法門。那些沒有兒子的人要以他們女兒的丈夫代替。」

再一次經過了雍布拉康山下。

未收割的金黃田野在眼前出現。

雅拉香波的雪山現身了！在碧藍的天空下面！

田野盡頭是村莊，村莊背後，在雅礱河閃閃發光的水流的盡頭，雪山莊重地升起。

那是一座金字塔形的雪山，隨著汽車的行進，正在眼前緩緩升起。

我期待著，有一個地方，這座雪山會顯露出它的全貌，它全部的雄偉與高大。但是，再往前走，反倒是近處的沒有積雪的山梁升起，漸漸把雪山擋在了後面。趕緊請司機停車。我離開公路，走向田野。沉甸甸的青稞穗子從我的腿上一一拂過。那種觸感帶著感動與溫暖。想起少年時代，春天裡土地解凍蘇醒，一個少年人牽著兩頭用木枷並肩相連的犏牛，後面，是一個扶犁的長輩，在用一種特殊的調子歌唱，一些簡單的口令也融入這歌唱中：直行，轉彎，快，慢。犁的兩邊，黑土唰唰地波浪一樣翻湧，那位扶犁的男性長輩後面，是一個撒種的姑娘。她也在歌唱。一把一把的青稞種籽，隨著她手臂優美的擺動，沙沙地落進了犁溝。正在翻種的土地裡，鳥兒起起落落，在啄食剛從泥地裡翻出來的蟲子。暖烘烘的陽光下，熏蒸起濃烈的泥土香氣。鋤草的季節。夏季盛大無邊，綠蔭深處，有布穀鳥悠長的鳴叫。聽長輩們感嘆過，自然之神憐憫人類，所以使得一年中最美好季節的白晝在一年中最為漫長。也許是為了懷念農耕時代的狩獵與遊牧的時代，那個季節，定居的農人們會離開老房子，在河邊、在草灘搭起帳幕，歌舞嬉遊。其間一個最重頭的節目，就是祭祀神山。每一座雪山都是神山。因為每一座雪山都哺育了自己的溪水與河流，這些溪水河流，都滋潤著山間的牧場和山谷中的農田，都哺育了山下一個又一個村莊。所以，不同河流邊的村莊便有著不同的山神。從這個意義上說，神山無論大小高低，在其哺育的流水所經過的村落，就是人們感恩的自然之神。但是，有一天，一些神山在宗教的觀念中變得比另外一些神山更偉大。神山也分出了高下，被納入了一個嚴整的宗教性的等級系列。雅拉香波在某個神山的等級系列中位列第二。

但我來到這座雪山跟前，不是因為這種神聖的排位，而就是想親眼看到這座哺育了藏民族文明源頭的雪山的模樣。

又往前行幾公里，因為過於抵近山前，雪峰從眼前消失了。

當地人以為，雅拉香波的山形是一頭白象。據說，衛星遙感圖片證實了這一點。但我並未搜得這樣的圖片。倒是在雅拉香波山跟前，從龐大山體中伸展出來一道陡峭山脊很像大象的鼻子，長長地伸到了山下村莊前的溪流跟前。這道象鼻樣的山脊直逼到面前，遮去了背後晶瑩的雪峰。公路也在此一分為二。往象鼻的右邊，是一道狹窄幽深的山溝，公路分岔處立著一塊牌子，上面是一座寺院的名字。往左，公路更平坦，山谷更開敞。司機看我，我指了左邊的道路。經驗主義，從開敞的山谷裡，更容易望見積雪的主峰。

公路開始上山了。熟悉路況的司機主動停了車。他說路邊有一眼治病的神泉。果然，就在公路路肩上有一個用石板護著的泉眼。泉水底下有一層乳白色凝結物，撚在指間手感滑膩，可以聞到硝石的味道。泉旁，有一通山南藏醫院立的水泥碑。讀此文知道，泉叫壤穆，西元十二世紀時由一個藏醫所發掘。泉以開掘者的名字命名。「傳說壤穆神泉是雅拉香波神山的『桑巧布』（尿水）。此藥泉水主要成分為石膏、礬等礦物質，從此藥水中用一至兩勺，對治療『培、隆』引起的胃脹、胃痛等胃腸疾病具有很好的療效」。我的胃腸也有毛病，但沒有醫生在旁指引，未敢取飲，只把那碑文拍了照片，便繼續上山。

有好幾公里，公路穿行在那些乾旱而土質瘠薄的山坡。但這只是一個過渡地帶，越往山上去，山間谷地越來越寬闊、越來越濕潤，其間開滿了黃色的花朵。我知道，那一團團鮮亮的黃色，是喜歡濕潤的斑唇馬先蒿。兩邊的山坡上綠草也越來越茂密了。這一天是二〇一二年九月五日，已不是高原植物的盛花期，但還是不斷有稀疏的花影在車窗外閃現。斜掛在龐大山體上的草甸中，出現了犛牛的身影。沒有高大的樹。但那些金露梅和杜鵑灌叢散布在山坡上，也有相當的美感。我停下來觀察植物。小小一塊地方，還在開花的就有肉果草、虎耳草、委陵菜、黃芪、紅景天、金露梅、臭黨參、橐吾、狗娃花、火絨草……竟有十一種之多。在它們的根部翻掘一下，立即就顯現出了濕潤肥沃的黑色土。這一切說明，這座山依然充滿活力。

再次停車，已經到了四千八百米的高度上。那是一片碧綠的草坡，上面有牧人的帳幕和羊群。羊群從半坡上一直散布到渾圓的山梁上。山梁背後，是不知深淺的峽谷。一座陡峭的岩石山峰從峽谷那邊升起來，直刺藍天。青色的石壁被陽光照亮，帶著金屬的光澤與質感。但看不見雪山。我爬上那道山梁，意圖是可以從那裡看見雪山。用了半個多小時，終於氣喘吁吁地上了那道山梁。眼前所見，只是腳下的深峽，和深峽對面更顯高峻的岩石山峰。依然沒有看見雪山。我意識到從這條路線，可能看不見雪山。於是轉而去看腳下的植被。淺淺的牧草中間，星星點點的藍色花在盛開。這是屬於秋天的龍膽花在貼地開放。我伏下身來，細細地拍攝這些美麗的藍色花。那是比背後潔淨深邃的天空更深的藍。眼前有兩種龍膽，花朵大的那種我認識，華麗龍膽。一簇簇緊挨著，花絲伸出花冠，還頂著紫紅花藥的那種是第一次看見。滿坡都是半球形的墊狀點地梅。它們的花期已過，但那一團團墊狀植株依然顏色蒼綠，綴滿了草坡。在這樣的高度上，植物都改變了形態。低矮，多毛，緊擠在一起，變成了墊狀。我還發現了一種開黃花的虎耳草。花朵還是和別處所見一模一樣。但葉子的形態卻變化了。變成了厚厚的肉質葉，貼著地緊疊在一起，成為植物學描述中的石蓮葉。

第三次停留盤桓的地方，是公路經過的山口。山口的路牌上，標誌這裡的海拔高度是五千兩百多米。我們在山口停好車。到處都是風化中的巨大岩石。太陽照耀著，岩石中夾雜的雲母與石英碎屑閃閃發光。雪山仍然隱身於一些青色的岩石山峰後面，不能看見。身旁有一個小湖。雨水不斷把公路路基上裸露的泥土與沙石沖刷到小湖中，那個本應碧藍的小湖便混濁了。而在山的那一面，公路盤旋而下的方向，有一個更大的湖，在光線迷離間。山口旁邊的山梁上，有一個移動通信基站。公路邊停著一輛小貨車。有幾個人在上面，為通信基站新裝一組太陽能電池板。我想上去看看。爬到半途，卻被意外遇見的植物吸引住了。這個地帶，除了裸露的岩石，植被相當稀疏，但居然還有漂亮的開花植物。先是看見多刺綠絨蒿。然後，看見了形態跟墊狀點地梅形態相似的癬狀雪靈芝。多刺綠絨蒿開著一朵朵碩大的藍色花。癬狀雪靈芝那半圓狀球體上，開滿的是細碎潔白的小花。用廣角鏡頭，這些花朵在近景裡清晰呈現，同時，那些逶迤的遠山、深遠的藍空也得以在背景裡呈現。這是屬於高山之上才能得到的視角。這時，那幾個人已經完成了工作，從山梁上下來了。我聽見他們互相交談，是幾個四川民工，在這樣走路都難喘上氣來的地方從事著艱苦的工作。我想問他們怎樣得到這樣的工作。但看到他們被高原陽光烤焦的臉龐，這話沒有出口。

我們在山口一塊巨大的岩石後吃簡單的午餐。說午餐太正式了。火腿腸、麵包、瓶裝水，都是上山前在超市裡買的。我還帶了劇組送到我房間裡的幾只蘋果。司機是一個沉默但卻有自己主意的當地藏人。我問他，在西藏，修路、蓋房子、到維護或修建通信基站諸如此類的工作，為什麼都是外地人來幹？當地人不幹是什麼原因：一、不會幹？

二、不願幹？三、想幹，但在競爭中失敗？司機依然沉默，沒有回答。

我提醒自己是來看雅拉香波，但雪山並沒有在眼前顯現。

意料之外，是在這山上看見那麼多正在開放的花朵，以此看到了生態脆弱的高山草甸還生機勃勃。在自然中，可以想起人類文明的消長與命運。在這裡，我想起美國人利奧波德的話，「像山一樣思考。」這種思考當然是一種審美，「如同在藝術中一樣，我們洞察自然本質的能力，是從美的事物中開始的。」但進入大自然，對於一個現代人，又絕非只是單純的審美。在我看來，當一片土地上的文明面臨著前所未有的困境，這個困境在這一、兩代人看來，除了泛意識形態的訴求，並不會有真正的解決方案。那麼，當看到曾經哺育過這個文明的自然界還保持著生機，比起那些與自然一起同歸於盡的文明、由雅拉香波發源的雅礱河起源的文明，還有一個摧折不算厲害的自然界可以依託，那麼，當今天的人們走不出歷史的怪圈，總還可以寄望後來人的覺醒，找到進入現代文明的通路時，這個美麗的自然至少可以為未來的文明選項，提供一個堅實的依託。

吃飽了肚子，有那塊高大的岩石擋住了山口那邊橫吹過來的風，太陽暖烘烘地照著，我躺在草地上，看著天上的流雲，假寐片刻。在海拔五千多米的高度上，自然有點缺氧。閉上眼睛，身子便輕飄飄的，像是在下墜，也像在飛升。我但願這是飛升。真的是在飛升，在潔白的流雲之上，雪峰在眼前出現了，那些千年的積雪，正在陽光下融化，融雪水正歡快地奔向山下寬闊的河谷，從雅礱河，一直奔流到雅魯藏布江。

# 武威記

# 烏鞘嶺

下午準備從蘭州出發時，就設想過進入烏鞘嶺時的情景：要在黃昏時站在那脈山梁的高處，勁風振衣，極目西望，滿目蒼茫。從山水的蒼老看到歷史的蒼老。等到同行的人陸續聚齊，開車上路，時間已是下午七點。有人寬慰，西部嘛，天不會按北京時間黑下來，過嶺時應該還有天光。但我知道，今天，烏鞘嶺是不可得見了。

行前，找了些相關文字來讀。一首清詩叫《烏嶺參天》，「萬山環繞獨居崇，俯視岩岩似岱嵩。蜀道如天應遜險，匡廬入漢未稱雄。雷霆伏地鳴幽籟，星斗懸崖御太空。回首更疑天路近，恍然身在白雲中。」

沒到過烏鞘嶺，卻到過祁連山脈的其他地方，暗暗覺得屬於祁連山系東延部分的烏鞘嶺不會是此種景象。因此疑心寫詩的這位未必到過烏鞘嶺。「雷霆伏地鳴幽籟」之類，不該是渾遠乾旱直抵到北方沙漠戈壁跟前的祁連山北坡的真實景象。在網上搜這位寫詩人的相關資料，不見。倒搜出他又一首詩，寫近旁的馬牙雪山。情景倒還真切。可見他是到過此地，或者竟是生活在此地的。有清一代，人文精神萎靡。掌握文墨的人，常寫些與現實無關的虛飾之語、發些無緣故的誇張感嘆，也是不正常的時代裡正常的文化現象。

倒是林則徐過烏鞘嶺的文字平實真切，「十二日，戊子，晴，辰刻（晨七至九時）行，五里水泉墩，又五里烏梢嶺，嶺不甚峻，惟其地氣甚寒，西面山外之山，即雪山也。是日度嶺，雖穿皮衣，卻不甚寒，下嶺即仍脫皮衣矣，嶺之西北七里為平番（今永登縣）、古浪交界，又七里雙口子坪，又六里安陽……又七里古浪縣城，入東門內行館宿。夜雨。」那是道光二十二年——西元一八四二年，林則徐因禁菸獲罪，發配伊犁，農曆八月行經此地。

三十多年後，又一個清朝官員馮竣光於光緒三年——西元一八七七年，也是農曆八月過烏鞘嶺。在其《西行日記》中這樣記載，「八月二十一日，二十二里鎮羌驛尖。忽陰雲四起，飛雪數點，擁裘御酒，體猶寒悚。以經緯度測之，此處平地高與六盤山頂等，秋行冬令，地氣然也。飯畢五里水泉墩。又五里登烏梢嶺。嶺為往來孔道，平曠易登徙。十里至山巔。」

「尖」，打尖。「鎮羌驛尖」就是在鎮羌驛這個地方簡單午飯。西部行旅，很可能就是吃點自帶的乾糧。

可注意之處，馮竣光過嶺時，已有經緯度的概念，還有儀器測量。所測似乎不是經緯，而是海拔。不然，「測之」的結果不會是「此處平地高與六盤山等」。雖然所用科學術語不太準確，比照前述那種脫離實景的虛誇詩句，還是能看到大歷史推動下國人觀察世界方式的變化。

上路不到一小時，天就黑了。可以感到車路開始逶迤向上。上下嶺的車一柱柱車燈明亮劃破夜空，照亮路上的種種標誌，照亮路牌上那些遠遠近近的地名：武威、張掖、酒泉……一個個都在遼遠，一個個都曾在史書中頻頻出現，現在，它們被車燈的光柱唰一下照亮，光柱劃過，又在身後隱入了夜色。也因為這車燈不一般的明亮，光柱之外的景物，全部隱入黑暗，不能看見。我的手表也是一只儀器，顯示海拔等諸種資料外，還顯示月相。表盤上顯示今夜此時天上該有新月一彎，但強烈車燈映照之下，天上月亮並不可見，朦朧山影也不可見。

這時，又一塊被照亮的路牌提示，此時我們已經身在烏鞘嶺上了。當地朋友為了路還將在嶺上盤旋一陣而抱歉，並說，嶺下，有大機器正在山的肚腹裡開掘，二十多公里的隧道即將完成，下次來，就不會再有這攀山之苦了。我們卻說起了一個話題，和古人相比，今天人怎麼寫得好遊記，在烏鞘嶺這般曾經非常重要的地理和文化關節上，再不必要像過去的人，在風中雨中雪中陽光中，步步丈量，因此也就沒有了從容的觀察和細緻的感受。

如果說在這大一統時代，烏鞘嶺這個關節在軍事上、甚至文化上的區隔作用已然消失，做為一種地理的分野，其意義卻仍然存在。

過了烏鞘嶺，就是漫長的河西走廊。河西走廊，古代絲綢之路上最輝煌的一段。過了烏鞘嶺，所有的河流都成為內流河。也就是說，它們從祁連雪山發源，順北坡而下，灌溉綠洲，再北流，最後，都消失在沙漠中間。那些河，曾經注入到沙漠中那些叫「海」的湖。但今天，這個詞，只是它們乾涸之處，曾經有過湖泊的地方在風中發出空洞的回響。

在夜裡，在迅速移動的汽車上，我們還討論了一回烏鞘嶺的「鞘」，是不是該讀作「梢」。這也不難。蘋果手機功能強大。一查，這是破音字，刀鞘的「鞘」之外，也有另外一個意思，皮鞭的末梢，也和這個「梢」同一讀音。說話間，已到了山下小鎮上。專因過往的車輛暫時停歇而興旺的小鎮，燈火通明，修車店外，幾乎全是飯館，差不多布滿整個西北的撒拉清真飯館。更多的四川飯館。飯館都不大。但店招都大，都被燈光照得耀眼。有一家四川飯館燈箱更加巨大，豎在門前，是拿手菜單，赫然有大盤雞這樣的新疆菜名羅列其間。常在西部行走，我熟悉這樣的小鎮，其實也就是夾著公路的兩排房子。在這個一切都在迅速變化的時代，公路每一次加寬一些，速度稍稍提高一點，都會使行駛在路上的車和人行進與停留的節奏發生變化。於是，一些曾經熱鬧一時的鎮子便迅速凋敝，另外一些應和了新交通節奏的小鎮又在倉促間熱鬧起來，給過往的車輛提供補胎加水一類簡單的技術支援，和不同的飯食。這個從我們車窗外一掠而過的小鎮也很快就要衰落了。當嶺下的隧道開通後，將不會再有長途驅馳的車輛經過這個地方。路上，當地朋友還指給我看路邊一掠而過的燈火稀疏之處，說，那是沒有高速公路時，從武威去蘭州吃中飯的地方。又過一處這樣冷寂下來的小鎮，說，那是過去停車吃早飯的地方。如今這些地方沉寂了，一個時代的前行與進步，總是以拋棄一些地方、一些人，忘記一些人、一些地方，做為必須的代價。

我熟悉這樣的沉寂。我自己就出生在一個川藏茶馬驛道上，因為馬幫來往而生意興隆的地方。只是當我出生、成長時，一條公路出現改變了一切，驛道荒蕪了。我們村過去也是一個局促的小鎮，聚集的是開騾馬店、開飯館、做著種種生意的人家。我懂事時，他們都變成了種地的農民。傳說中，那些萎頓的、貧寒度日的村中長輩，曾經是見過世面、行過江湖的掌櫃和老闆。我沒有經歷過那種傳說中的繁華，卻十分熟悉那種繁華過後的孤寂與困頓，和那些枯萎的人生。車經過那樣的地方，我還禁不住要多看一眼、多回味一番。那味道在記憶中自然泛起，是灰色的變舊的那些人生的味道。

那年，在烏魯木齊，毫無準備地遇上了「七・五」事件，因此多滯留了半天時間。在機場書店購得新疆人民出版社所出「西域探險考察大系」叢書數種。其中一種叫《新疆遊記》。作者是民國北洋政府財政部官員，名叫謝彬，一九一六年受民國政府委派前往新疆省和阿勒泰區做財政考察，一九一七年返回。「歷時十有五月，歸成遊記三十萬言。」其實，他的日記還記下了他途經陝西、河南、甘肅的所見所聞。寫這篇小文章時，我重讀了這本遊記的甘肅部分，並做了一個統計，當年他從蘭州到武威，整整走了八天，一月十五日至一月二十二日。朱家井、鹹水河舖、青市堡、平番縣西關、岔口驛、龍溝堡、大墩、涼州東關，這是謝彬從蘭州到武威八個夜晚住宿過的八個地方。他大小是一個「委員」，也是坐車而行。不過是大車，當時講究一點的乘客，「車幕車簾還需自備」，「今日準備此頂，仍未成行」。這樣緩行細看，一路經過多少村莊人家，入眼多少塵世間事，不像今天，不論幹部還是文人，進入一個村莊都像一個儀式，哪有如此的尋常自然。小幹部是去檢查，大幹部是去調研，文人，是采風，是深入生活。常常，都顯得外星人一般。

今天，我們去河西、去武威。那些小地方應該還蜷縮在枯乾山皺裡的某一處，這樣的夜晚，人們應該都熄燈上炕了。再或者，還有人守在一台電視機前，看著裡面播放著不屬於自己的都市繁華。那是高速公路、高速鐵路和空中航線連接在一起的另一個中國。由於這些通道的建立，在這個都市和那個都市之間，我們越來越看不到提供著糧食與蔬果的村莊、看不到卑微的農家。我們在另一個中國高速穿行時，看到的是加油站、收費站、超市、免稅店。我們誇張著我們非關生存的痛苦，而忘記還有別一個中國，還有那麼多的中國人，他們所有的痛苦與有限的歡樂，都只跟兩個字相關：活著。一個中國精神萎頓，另一個中國卻進步神速。民國初年，謝彬坐大車，從蘭州到武威，是八天時間。一百年過去了。我們坐著一輛中巴，只用三個小時。再一年，等到烏鞘嶺下隧道貫通，這段行程又要縮短將近一個小時。那麼，剛才經過的烏鞘嶺下那個小鎮又要冷落消失了。那些補胎的人，那些拿著橡膠水管給超載卡車滾燙的煞車降溫的人、開小飯館的人，又會到哪裡去討他們的生活？

我不反對高速公路，更不反對時代進步，反對的是這種進步只是由一部分人來分享，而另一部分人卻要被遺忘。而在我們讀著這個進步時代的幾乎所有文字、幾乎都是受益者的歡呼，卻未見對那些被快速的時代列車甩在車外的人們的描述。在中國的車站上，行駛的車速度越來越迅疾，但不是所有人都能順利地登上這些去往遠方的列車。

遠處，夜武威的燈光已在前方閃爍。照例自然還得經歷一下收費站製造的小小塞車。其實，也就十來輛車。但在那閘口前，大家都要爭先恐後。前面的，要保證自己前面的位置。後面的，卻要找到一個縫隙，千方百計擠進來，把自己的位置稍稍提前一點。於是，一輛大貨車和一輛吉普車在閘口前把彼此都別住了。這是常見的景象，不只是高速公路閘口。這像是當下社會的一個隱喻，所有設置了有形閘口、無形閘口的地方，都會看到這種爭先恐後，以及因此造成的失序失德與混亂。

幾天後回程，上午過烏鞘嶺。

汽車盤旋著上到山口，司機問停車不停。我搖頭。窗外並無想像中的動人景色。下山路上，高速路護欄有一豁口，我們還是停了車。傾斜的草坡上有羊群四散。草淺，而且稀疏，缺少水分，少到蓋不住裸露的浮土。路肩下，有一條乾涸的溪流。有一個人穿著護路人的橙色衣服，拿把鋤頭在乾涸的溝邊挖掘什麼。應該是一株根莖有藥用價值的草本植物。我想近前看看，但沒去。有一種不忍的心情。這土地再禁不起這樣的翻掘了。同樣不忍去勸止那個佝僂著身子奮力翻掘的人。

在這片嚴重退化的高山草甸背後，祁連的雪峰升起來。那是冰川、是千年積雪，正是從那裡下來的融雪水，化成溪流，溪流匯聚成一條最後消失在沙漠中的石羊河。那些融雪水，是眼下這片群山，以及武威綠洲保持生機的源泉。但在全球性的氣候變遷中，這些積雪與冰川都在萎縮。

遙望那一脈雪線日漸退縮的雪山、那日漸縮小的固體水庫。眼前，卻浮現著這些天見到的種種情形。武威人並不因為自然條件的局限而放棄希望，所到之處都是熱火朝天的建設場景。他們辛勤勞作，並規劃和憧憬著更美好的未來生活。想到某一天，這些冰川與千年積雪或許會消融殆盡——那就是對人所有努力與憧憬的嚴酷否決。想起在民勤，石羊河最後沒入沙漠之處，想起那裡人們如何艱辛備嘗，在綠洲邊緣種植梭梭，以對抗沙漠的蠶食。想起曾去做客的綠洲農家，那些熱騰騰的麵條、噴香的羊肉，和院子裡的瓜架與盛開的芍藥。想起沙漠公園一道長廊上繪製的武威八景……正是這些美好的憶念，並想起眼前的高山草甸也曾經是怎樣的百草豐茂、牧歌悠長，我心中卻沒有升起一絲一毫的詩意，也沒有舉起我一路頻頻舉起的相機。

下了山，飛機起飛，我想再回望一眼蒼茫祁連，但飛機向東，祁連落在背後，不能看見。

# 武威，武威

在我意念深處，河西走廊上好些地名都曾這樣反覆念叨。一個地名，在史籍中，在地理書上，在詩句間，在想像裡，反覆出現，自然就會帶上詠嘆的調子。

在店裡吃了當地飯食，在武威城中某酒店七樓有了一個暫時屬於自己的房間，已是半夜時分了。臨睡前，為兩張床中該睡哪一張猶豫一陣，最後挑了靠窗的那一張。我沒有拉上窗簾，希望能被最初的晨光喚醒，想要看到第一縷陽光把想像中的古城照亮。

我也的確是在那個時間醒來的。

立在窗前，觸目所見，這座古城正是中國現實中最典型的那一種——像一座沒有前傳的新城，興之所至就倉促建成。我甚至沒有失望。沒有城牆、雉堞，沒有佛剎……不見岑參詩中「片雲過城頭，黃鸝上戍樓」的情與景，沒有《涼州詞》中所有的景象。灰濛濛的水泥樓房，沒有新的容光，也沒有舊的味道，樓頂上密布著太陽能熱水器，在視線裡無盡蔓延，直到光禿禿的一脈灰色矮山跟前。

我又回到了床上。半夢半醒間，寫於西元六世紀的《涼州樂歌》在耳邊回響，「遠遊武威郡，遙望姑臧城。車馬相交錯，歌吹日縱橫。」

半夢半醒之間，我恍然在古城的市廛中穿行。錯肩而過的，是各種裝束、各種體貌的人們。周圍沸騰著不同的語言。

某年在紐約，一位當地作家大衛陪我遊走街巷，身邊是來自全世界各個地方的人來來去去。大衛告訴我，有語言學家統計過，在紐約街頭行走一天，可以聽到一千多種語言。大的語種，小的語種，大小語種中的種種方言。恍然間，我在想，那麼，在唐代的絲路上，在武威，可以聽到多少種語言？或者，在這座過去叫涼州、今天叫武威的，建了又毀、毀了又建的古城中，那些泥磚木窗間，響起過多少種語言？

是啊，只有在想像中，一個人才能在一個地方同時遭逢走過這裡的不同的人，不同的族群。匈奴人、突厥人、鮮卑人、契丹人、氐人、羌人、回紇人、月氏人、吐谷渾人、吐蕃人……那麼多不同的語言沸騰在四周，在小國的王宮中歌唱，在攻城的陣列中嘶吼，在市集上叫賣，在寺廟法台上講經。也有詩人在把酒吟詠。到今天，那些生活場景都消失了，卻有少數文字透過歷史煙雲，流傳下來，讓我們可以依稀觸摸到一點過去時代的生活質感。比如，岑參《涼州館中與諸判官夜集》，「彎彎月出掛城頭，城頭月出照涼州；涼州七里十萬家，胡人半解彈琵琶。琵琶一曲腸堪斷，風蕭蕭兮夜漫漫。」

我不想讓自己如此精神恍惚，便從床上起來，坐在窗下讀一本前人們寫於古涼州的詩詞集。我並不想夢回什麼朝、臆想前塵舊事，假定自己生活在一個不屬於今天的時代。在此說說古代，也只是今天現實的一個背景、一種比照。

今天的國人說到中國這個概念，腦海中會有一張大地圖，那是清朝最為強盛時的疆域。這個短暫闊大過的中國疆域，讓今人有理由對西方的帝國列強保持長久的警惕與憤慨。歷史地看，中國的疆域卻時大時小。一套譚其驤先生主編的《中國歷史地圖集》，是我常常放在手邊翻閱的。如果中國的疆域一開始便是清朝帝國最為強盛時的疆域，那麼生活在唐代的詩人岑參，身在涼州——也就是今天的武威——就不會有身在異鄉的惆悵，「琵琶一曲腸堪斷，風蕭蕭兮夜漫漫。」就不會有大唐強盛時的雄闊悲涼的邊塞詩，不會有惆悵邈遠的「涼州詞」。漢代，以武力開闢出河西四郡，到魏晉南北朝的大分裂時期，河西四郡又被不同族群交替割據。武威當地宣傳材料上引以為傲的就是做過五涼古都。那些叫做前涼後涼南涼北涼的小小王國，王族們便來自各個不同民族——我只想說國王是什麼民族，而不想用如今流行的表述，說這樣的國家是由什麼民族所建。

到了唐朝強盛，重新恢復並拓展了漢朝最為強盛時的疆域，岑參這位邊塞詩人，和那些來到河西走廊，或者再出嘉峪關、開闢戍守安西四鎮的人們一樣，家鄉和家鄉感，都在中原。那時的涼州，即便對於史上最強大的唐王朝，也是不穩定的邊疆。強大時大軍所指，遊牧民族的武裝潰入漠野。喜歡定居的叫做漢的族群築城、修渠、屯墾、種麥栽桑。馬背上、駝背上其他名稱的族群就遊牧於荒野，時不時，農耕地帶麥粟瓜果將要豐收，高牆重門的城市裡商賈雲集，市面上金銀充溢，這樣的消息會迅速傳遍漠漠荒野。牧人都是弓馬嫻熟的戰士，他們傾巢出動，目標往往就是河西四郡。武威也是這四郡之一。

對於築城農耕的族群來說，土地就是命運。流血漂杵過了幾百年，在漠野上遊牧的民族，或者消失，或者遠遁，或者遊牧人自己也變成了被遊牧人搶掠的莊稼漢。

河西走廊四郡是漢代的建制。

到唐代，歷史的模式未有變化，只是前來征伐的遊牧人換了另外一撥。這回是從西南方來的青藏高原上的吐蕃人了。他們的目標仍然是河西走廊。所不同者，只是當年的河西四郡武威、張掖、酒泉、敦煌，已換了名字：涼州、甘州、沙州、瓜州。安史之亂後，河西走廊這一遞聲向西北而去的四州盡被吐蕃攻占。吐蕃大軍從高原上呼嘯東向，瓜、沙、甘、涼之外，肅州、河州、湟州，兵鋒所指，都應聲而下。甚至，西元七六三年，大唐都城長安也一度被吐蕃大軍攻占。之後，吐蕃統治河西走廊近百年。近代，在敦煌藏經洞中發現的各種文書中，就有吐蕃文的文書好幾千件，成為研究藏族史與河西走廊歷史的珍貴材料。

北宋，形式上在河西地區建立了涼州府，實際控制的還是遺留在此的吐蕃六谷部。後來，這裡有了另一個國，黨項羌人的國，叫做西夏。武威今天的城市歷史宣傳中，宣講其重要性，五個涼國的都城之外，說是還做過西夏的陪都。「大夏開國，奄有西土，涼為輔郡，亦已百載。」這是西夏時，用漢和西夏兩種文字刻在「重修護國寺感應塔碑」上的話。

碑文上的西夏文因有漢文對照得以破譯，但它的聲音呢？黨項人的語言在那個時代沸騰時，武威這城，市集廟堂，又是怎樣的景象？

唐朝失去河西是因為內亂：安史之亂。趁亂，吐蕃得以乘虛而入。吐蕃強盛的時期，宮廷內部，王朝與地方豪強間的故事，也不出所有王朝史中的模式。吐蕃一朝，引入並信奉佛教者與本土宗教的信仰者之間的鬥爭貫穿始終。吐蕃王朝崩潰的直接原因就是崇苯滅佛的國王朗達瑪被佛教僧人刺殺。這個僧人成了把戒殺生做為基本戒律的佛教徒撰寫的史書中的英雄。從那時至今，青藏高原再沒有出現過統一的政權，都是教派的割據、世俗貴族的割據，或者教派與世俗貴族聯合的割據。

而那些東出征伐的部落，便被遺忘在遙遠的邊疆，自生自滅了。

行文至此，我得申明一句，我不是一個民族主義者。在這個民族主義氾濫高漲的時代，我甚至沒有資格做一個民族主義者。因為我的血緣駁雜。我只好選擇血液中某一成分較多的那個民族。具體地說，就是選擇了因吐蕃的短暫強盛統一而形成的藏族。

也因此，常常有人論證分析說，我這樣的人不可能深入地表達民族文化。這種分析也許很對，但必須有一個前提。這個前提是這個世界得為了這種學問，特意準備封存一批具有標本意義的固態文化。我不敢說，處在多種族交集混血地帶的人，往往能洞見文化形成的複雜性與流變性——那不是因為所謂的學養，而是聽從了駁雜血緣帶給的深刻啟示。這種啟示，讓我始終關注文化學定義的模式之外的複雜現實——隨著歷史進展而流變的文化。這也是我來到武威，歷史上曾經頻頻發生不同族群衝突與融合的地方的主要原因。我不是來尋找答案。我不以為翻過幾本書，就會對複雜的現實得出答案。我來傾聽、來感觸、來思考、來證實，今天在別處上演的，在這裡曾經上演過的種種複雜的文化現實。而這裡的一切，或許是另一些地方正經歷的艱難過程將要產生的結果。

太陽出來了，走在武威街頭，我傾聽著耳邊響起當地的漢語方言。這是一種吐詞不清的、字音模糊的、濁重的、滯澀的語言。我這麼說，沒有自詡口齒清晰明快、能說標準普通話的意思。沒有輕視當地方言的意思。我想說的是，在中國的許多地方，都有著這樣的漢語方言，都帶著一點其他族群的人帶著程度不同的生疏，使用漢語這種語言時那些濁重的口音。在那些地方，使用漢語的漢族人，在與操著這種口音的異族人交流溝通時，也會自然地模仿那些不清晰的口音與表達，這種熟練者對不熟練者的口音與表達的模仿，是中國邊疆地帶與曾經的邊疆地帶廣泛發生的一種語言現實。過去曾經發生，今天仍在發生。這種的相互模仿，目的在於更好地實現語言的交流功能，從而在邊疆地帶形成種種別有意味的漢語方言。

這是值得語言學鄭重其事研究的族群與文化融合的文化現象，而不是輕佻的小品中那些針對文言的輕佻段子。

我沒有看到過有語言學研究過方言的這種形成機制。

我不是語言學家，但我懂得方言中的這種文化況味。

我行走在武威街頭，周圍方言沸騰。不由得不想到，在河西走廊、在這座古城中曾經響起過的種種語言。是的，很多民族都在這裡出現過、居留過、衝突過、交融過，又消失了。不同民族的人操持漢語時的口音彷彿都在耳邊響起、都在今天的當地方言中留下了餘響。

今天，這些族群大多都消失了。但吐蕃人的後代還在，當吐蕃統一的政權消失，以部落為單位東征的人們卻留在了此地。武威市下轄的天祝，是今日中國的兩個藏族自治縣之一。這些人稱為的「華銳」，意思就是英雄部落。

當然是英雄部落。

當年吐蕃兵鋒東向時，他們以部落為單位，是遠征的前鋒。可是，當吐蕃的中央王朝分崩離析，世俗貴族和宗教勢力在西藏腹心地帶彼此算計，他們並沒有得到過遙遠故國一丁點的經濟與軍事的後援，依然頑強生存下來。他們征服過別人，也被別人征服；統治過別人，也被別人統治。宋元明三朝，在當地還是強大的存在。大量的地方史實，略去不談。關於天祝，也就是今天武威境內的藏族，我摘錄陳慶英先生《中國藏族部落》一書中的一些數據。一九〇九年由涼州府莊浪茶馬廳統計時，還餘三十六族。這個族，不是民族，是部落。那些部落在多民族交集的地帶，歷經多年戰亂，每個部落都很小很小了，最大者不過百戶，最小的只餘了幾戶人家。三十六個部落，共四百二十四戶、一千八百零五人。那時，和遠在邊地的很多藏人族群一樣，沒有什麼「大藏區」的人顧念他們，只是自我圖存掙扎。民國年間，國民政府在三十六族地區實行保甲制，天祝藏人三十六族僅編為八個半保。

# 鳩摩羅什，或鳩摩羅什塔

武威，這座要以武揚威於異域而得名的城市裡，有一座倖存的文廟。這樣的文廟，我在雲南建水也見過一座。但當地朋友說，那個不算，不如武威城中這一座，是中國現存四大文廟之一。

在這裡，我沒有什麼感動。因為只是建築的倖存，裡面卻空了。像當下中國的各種廟，無論外面如何整舊如新，還是如何整新如舊，裡面卻空洞了，精氣神都不在了。眼下這座文廟也是一樣，裡面固然還陳列了孔子像，還有照片與文物。但我還是感覺裡面是空的。所以，人們在一間一間的房子裡進出參觀時，我坐在院子中間的太平缸旁，仰看幾株蒼勁的國槐。這幾株國槐，樹幹在院子裡，碩大的樹冠卻高張在房頂之上，它們的陰涼甚至溢出到了院牆之外。我想，如果將此視為一種象徵，那麼，這才是文化傳承該是的狀態。枝幹蒼老，但新的分枝卻在陽光下生氣勃勃，開花傳種的同時，還在我們身上投下使人心境熨帖的清涼。我在另一篇文章中說過，在國內旅行，我不太願意看人文古跡，從文化意義上講，過往的興盛總反襯出眼下的衰敗，讓人心生悲涼。在大西北，這自然環境嚴重惡化的地方，在烈日當頂炙烤焦渴的大地之時，我倒願意坐在這幾株老槐樹下，享受這難得的清涼。

我還想起了一位西方傳教士的話，「今中國人多拜孔子而不行其言。」那是這位西方人在十九世紀的觀察。那還是遍地文廟的時候啊！今天，人們不信之外，連拜也免了。

城裡還有一座鐘樓，懸著一口唐代的鐘。輕叩一下，諦聽，鐘內有風拂過荒漠的餘響。

是時間讓原野成了荒漠，還是時間自己就是荒漠？

有一通西夏碑。很珍貴。因為靠這通有西夏文也有漢文的碑，專家們找到了破譯西夏文的路徑。有人拿來新寫的西夏文的條幅，指著一個字說，這是風。風很乾燥。又指著一個字，雲。雲很寡淡，沒有雨意。我討得一篇碑記的原文，標題叫「重修護國寺感應塔碑」。碑文中說：「前年冬，涼州大地震，因又欹仄……詔命營治，鳩工未集，還復自正。」這塔了不得，被大地震弄得傾斜了，西夏皇帝詔命修復，但召集的工匠都未聚齊，它自己就站立端正了。宗教一變為神通的顯現，就有些荒誕了。我不止一次聽藏傳佛教的喇嘛活佛說過，如今是佛教的末法時代。學問不精進。戒律難遵行。信眾不虔敬。他們敬奉三寶，不是相信禪院叢林中嚴謹戒律下精進佛理的僧人與他們的學問。他們只是相信奇蹟與神通。我原以為，這是現在時代的情形，原來，在古代，對佛教的信仰中就包含了這樣的對於離奇神通的傳說與信從。

當然，還要去看馬踏飛燕。幾年前，去蘭州參加《讀者》的一個會，得到過一尊馬踏飛燕的仿製品。後來鐘點工做清潔，擦拭那匹馬時，把黏結在馬掌上的燕子給弄掉了。那匹馬，現在是中國旅遊城市的標誌，放大了，做了銅綠站在那些城市的迎賓大道旁。在那些實至名歸的地方，我看那馬踏飛燕就很生動。但在一些努力打造著四個A、五個A人造景區的地方，我就想，這匹馬掌下的燕子有一天怕是也要從馬蹄下掙出來，自己飛走了。現在，我是在馬踏飛燕的出土地了。這個地方叫雷台。原是一座大墓。中國的墓都是深挖洞築成的。挖洞，當然是因為墓主怕被揚灰挫骨，為了不失去陪葬的寶物。在這個電視裡常常直播挖墳的時代，再深再曲折的洞也難避免被「考古」的命運。倒是雷台的墓主爽快，墓幾乎就建在地上，墓道淺淺的，墓室上面，壘起高高的封土。所謂「台」，指的就是這堆封土。因此之故，在考古發掘還不盛行的年代，就被發現。現在，雷台上就露天陳列著一個青銅的兵馬方陣，都是墓中出土陪葬物的仿製品。天真藍，銅真綠。一道大門，把喧鬧的世界擋在外面。院子中，柏樹挺立，芍藥盛開。

最吸引我的是城中的鳩摩羅什塔。

佛教徒們傳說，鳩摩羅什火化後，舌頭不爛，葬在這座塔中。

鳩摩羅什，一個佛教徒。早遠時代的佛教徒都是些真正的國際主義者。不像今天的教宗們，崇高的神職之外，往往還要扮演母族母國的政治領袖，是民族主義者。鳩摩羅什父母是印度人，出生在西域龜茲國，回印度深研了佛法後，不為護祐母國修法諷經，而是又回到龜茲。那個龜茲國早已湮滅於黃沙之中，地方是今天新疆庫車縣。傳說，鳩摩羅什也廣有神通。所以，他的名字才沿著絲綢之路一直傳到長安城，傳到前秦皇帝苻堅的耳邊。那是漢文史書所說的五胡亂華的時代。前秦皇帝派手下大將呂光遠征西域，唯一的目的，就是把這位高僧迎到自己的都城。呂光帶幾萬大軍西征得勝，在龜茲國俘獲了鳩摩羅什，帶了他大軍東歸，行到武威，卻傳來苻堅南征兵敗淝水的消息。呂光遂在武威停下，自立一國，叫做後涼。呂光不信佛，自然也就不信鳩摩羅什有什麼異乎尋常的神通，敢於對他百般戲弄。最嚴重的一條，就是強破僧人戒律，叫他娶了龜茲公主為妻。「光既獲什，未測其智量，見年齒尚少，乃以凡人戲之，強妻以龜茲王女，什拒而不受，辭甚苦到。光曰：道士之操，不逾先父，何可固辭。乃飲以醇酒，同閉密室。

什被逼既至，遂虧其節。」史料上不見說鳩氏有沒有顯現過神通。但說他娶了老婆，在呂光建於武威的後涼朝中，一待就是十好幾年。過著俗人生活之外，還在皇帝身邊做點出謀劃策之類的事情。後涼政權也是短命王國，很快就被取代前秦的後秦國攻破。後秦皇帝姚興來滅後涼，居然也是為了獲得鳩摩羅什這位異國高僧。滅了後涼國，便將鳩摩羅什迎到長安講經說法，皇帝還為他組織了三千多人的佛經譯場。

鳩摩羅什五十六歲上，重操僧人舊業，空虛我見，譯經說法，終日不倦。

姚興還讓鳩摩羅什搬出僧房，別立精舍，其中有美女侍候。「什為人神情朗澈，傲岸出群，應機領會，鮮有論匹者。篤性仁厚，泛愛為心，虛己善誘，終日無倦。姚主常謂什曰：大師聰明超悟，天下莫二，若一旦後世，何可使法種無嗣。遂以伎女十人逼令受之。自爾以來，不住僧坊，別立廨舍，供給豐盈。」

鳩摩羅什「一媾而生二子」。

當時眾人對此議論紛紛，毀譽漸起。每到講學時，鳩摩羅什總先對弟子們申明，「好比臭泥中開蓮花，只採蓮花，莫取臭泥。」依然譯經不止。從後秦弘始三年——西元四〇一年到長安至西元四一三年圓寂，十一年中，他在弟子的協助下譯經三十五部、兩百九十四卷。他的譯筆忠於原文、圓通流暢、典雅質樸，訂正了他人譯經之誤，成為後世流傳最廣的佛教經典。

西元四一三年，感知大限即近的鳩摩羅什，對眾人起誓：假如我所傳的經典沒有錯誤，在我焚身之後，就讓這個舌頭不要燒壞、不要爛掉！不久，鳩摩羅什圓寂，依佛制焚身，火滅身碎後，唯有舌頭完好無損。

這條舌頭最後就葬在武威城中這座高塔之下。我不是佛教徒，連假的佛教徒都不是。但我還是對這個異國僧人心懷敬意，因為他為豐富漢語所做的傑出貢獻。魏晉南北朝時期，漢語有了更多的詞彙、更豐富的表達，其中，鳩摩羅什們從異族文字翻譯佛經為漢語時的創造是很重要的原因。這也為母語為別種語言的異族人，加入這種語言、操持這種語言進行自我表達，提供了最早的成功經驗。

站在這座塔下，向上仰望，不脫帽是不行的，頭後仰的角度太大，帽子自己也會掉在地上。我脫了帽，向上仰望，正是夕陽西斜的時候，陽光在塔頂的後方，形成一片明亮的光暈。那塔頂幾乎就化入到那片光暈之中了。喜歡奇蹟與神通的佛教徒，或許會把此景視為又一奇蹟顯現。但我知道，這只是在一個恰當的時間、在恰當條件下一定出現的物理現象。

前面說過，鳩摩羅什的時代，佛教僧侶們彷彿最早的國際主義者。佛法可能弘傳的地方，都是他們的祖國。鳩摩羅什從西方的絲綢之路而來。差不多同時，禪宗的始祖也是印度和尚的菩提達摩從南方而來，一葦渡江，來到了中原的山中，面壁求悟，成為佛教中最中國化的一派禪宗的始祖。到了唐代，一面有玄奘西去取經天竺，還有鑑真東渡扶桑傳布教法。其時，鄔仗那國的法師蓮花生也正在西藏傳播佛教密法。那時，佛教不像別的宗教，並不發動針對異教徒的戰爭。只有一個個佛教徒，憑著自己的堅執，那樣任意地穿越著族與國的界限，傳播他們對於世界的解釋和對人與人生的看法。但是，這種精神終究還是在其大規模傳播的同時萎靡了。有一個鳩摩羅什的故事。說他少年時，當庭舉起了巨大的石頭。看見的人驚呼，說一個孩子怎麼可能舉起那麼重的東西啊！於是，不知輕重，也就沒有佛教所說「分別心」的鳩摩羅什心中立即有了輕重之分、立即就讓那塊石頭的重量壓垮了。早期佛教確乎是沒有今天成就著這個世界、也深深困擾著這個世界的「族」與「國」的分別心的。

我站在鳩摩羅什塔下，心中發此疑問，那塔只是直刺藍天深入，那根自信向世界傳達了世界真諦的舌頭卻沒有回答。

# 白塔寺

出武威城，去近年恢復重建的白塔寺。

因該寺有一百座藏式白塔，也叫做百塔寺。

寺在武威郊外四十里。在埋骨於此的來自西藏的藏傳佛教薩迦派教主薩迦班智達眼中，這是「霍爾地方」。他說：「余為弘揚佛教，體念眾生，更顧念操蕃語之眾，來霍爾地方。」霍爾，藏語，蒙古的意思。

這是一個很老的故事了。

那時，西藏本土在吐蕃帝國分崩離析後，已經歷了幾百年的分裂割據。蒙古帝國崛起時，青藏高原上的割據勢力是藏傳佛教中的各個不同教派。這樣一盤散沙，怎抵擋得住勢如洪水的蒙古鐵騎？闊端的大將多爾達一路進兵青藏高原，都沒有遇到什麼成規模的抵抗。這時成吉思汗已死，高踞汗位的窩闊台，派其子闊端駐兵涼州，祁連山以南以西的青藏高原也算是他的地盤。入藏先鋒大將多爾達返回涼州稟報闊端，「現今藏土唯噶當巴叢林最多，達隆巴法王最有德行，直貢巴京俄大師具大法力，薩迦班智達學富五明。」這裡的噶當巴、達隆巴、直貢巴、薩迦都是藏傳佛教不同教派的名稱。闊端經過權衡，決定邀請薩迦派首領薩班前來涼州會談。

薩迦第五祖薩班，此時已是花甲之年。手持來自涼州的蒙古王爺信函，於一二四四年，帶著兩個年幼的侄子八思巴和恰那多吉，離開後藏的薩迦寺，一路盤桓，直到兩年後，薩班才抵達涼州。闊端與薩班在涼州幻化寺——今天的白塔寺相見會談。

寺名幻化，據說是因為薩班具大神通，在此與幻術師鬥法取勝而得名。傳說是薩班一日與闊端閒談，闊端說世間龜皮皆無毛（兩人會談西藏前途，做此玄談本身多少有些可疑）。薩班便拿出一塊帶毛龜皮，還指點說皮毛之上有千佛顯像，而闊端卻怎麼也看不出來。闊端不悅，招來幻術師造出一座虛幻的殿堂，邀薩班前去，想令其出醜。未承想，當薩班坐上那虛幻的寶座時，幻術師們卻怎麼都解不開幻術。闊端大讚其法力，這才真心臣服，大獻供養，在此供奉三寶，於是這幻化的寺廟成了真正的佛堂。經過這麼一場鬥法，西藏的佛教史家們說，藏傳佛教頓時揚名立萬，奠定了藏傳佛教在元朝宮廷中的崇高地位。

但在歷史文獻中，情形卻是別一番景象。

薩班在與闊端會談後，有致「蕃人書」一通，「致書與衛、藏、阿里善知識施主大德。」衛、藏、阿里都是西藏不同地域的分稱。信中說：「當今之勢，此霍爾之軍旅多至不可勝數，竊以為贍部洲已悉入其轄土矣，順彼者與彼共苦樂。彼等性情果決，故不准口稱歸順而不遵其命令者，對此必加摧滅。畏吾兒之境未遭塗炭而較前昌盛，人畜財富由彼等自理。必闍赤、財稅官、守城官均由彼等自任之。餘如金、西夏、阻卜等地未亡之前，雖已派有霍爾使者，然彼等不遵命令，終遭覆亡，逃遁無門，仍需俯首歸降。其後，因彼等奉行唯謹，故現各地方亦多任命其貴人任守城官、財稅官、必闍赤者。吾等吐蕃部民愚頑，或有希冀百計千方脫逃者；有冀道長路遠霍爾或不至者；有冀以戰鬥獲勝者，如此必遭覆亡。各處投降霍爾之人甚多，因吐蕃人冥頑之故，恐只堪被驅為奴僕賤役，能被委為官吏者，恐百人之中不到數人。吐蕃投順者雖眾，但所獻貢品不多，此間貴人們心中頗為不悅。」

必闍赤，蒙語譯音，元代掌管文書的官員名稱。

贍部洲，佛教的專用語彙中，可以說相當於中國皇帝常說的天下。

這一番話，其實就是勸西藏本部各割據勢力歸順蒙古。意思是不要抵抗，抵抗的結果便是「終遭覆亡，逃遁無門」。所以，還是「輸誠歸順」，則「……官員多有委其賢而任之者」。這裡，只見一個弱勢的政治首領不得已的力量權衡，卻不見一個法王顯示神通的輕鬆瀟灑。

他在信中還轉述闊端的命令，「若能遵行功令，則爾等之地，各處部眾原有之官仍然加委供職，如薩迦之金字、銀字使者召來者，吾任之為達魯花赤極為妥當。此事可廣為宣喻：汝等應派堪充往來信使者，將當地官員姓名、百姓數目、貢品數量繕寫三份，一送吾處，一送薩迦，一由各處自行收執。並志某已降，某未降，若未分別，則恐於未降者之禍殃及已降者。」

達魯花赤，蒙語譯音，元代官員，往往是一地方的軍政首長。

自此，西藏本部衛、藏、阿里歸服蒙古。重新區劃行政，編為十三萬戶。薩迦派藉蒙古人之力重新統馭了西藏本部。元帝又將這十三萬戶賞給薩迦派做為「供養」。

今天，對於這段史實，不同的立場者做著不同的闡釋。因此，當年的幻化寺掛著愛國主義教育基地的牌子，因為這裡是西藏正式納入中國版圖的見證地。還有另外的闡釋，說這只是當年薩迦派與元朝結成的施主與福田的關係。我讀此信，卻見勢大力雄一方，含蓄的威逼，也見薩班這樣的教派領袖，不得已時的利益盤算。今天的西藏問題，是現實問題。對立雙方，都費勁地在歷史中尋找答案，須知，現實有時和歷史有著深刻的關聯，有時，很多問題又與現實毫不相關。這些問題有著關聯時，回顧歷史，可以提供某種助力，但若是這些問題的動因與困局都在當下，從歷史追索與爭辯會毫無意義。從某種意義上說，歷史，只是彼時的人們解決當時現實問題的暫時方案。

年事已高的薩班再未回到西藏，他在幻化寺居住五年，於一二五一年圓寂於此。闊端為其修建了舍利塔，為此骨殖塔開光的正是當年隨他前來的十歲侄子、薩班衣缽的繼承者、後來元朝的帝師八思巴。今天，這塔還殘留著塔基在地面上。中心夯土，周邊包以青磚。腰掛揚聲器、腮邊掛著袖珍話筒的導遊員說，前幾年，有考古專家對此廢墟做了探查，用先進儀器探得，薩班的遺骨還在下面。

那座骨殖塔的殘跡，如今用先進的科技保護了，靜默無語，在那一百座新修的藏式白塔中間。再四周，是祁連雪水灌溉的平坦肥沃的綠洲。玉米地一直延展到視線盡頭，其間樹樹白楊，直刺藍天。極目南望，是隱約的祁連雪山。雪山背後是青海湖和湖周的高山草原。再越過崑崙，是可可西里的亙古漠野，再過唐古拉山，才是拉薩，再翻越崗巴拉山，才是薩班所來的後藏。那來路真的和歷史一樣遙遠。

今天在藏區，有一種觀點，認為蒙元與西藏地方建立的只是一種供施關係。蒙元帝國的皇帝是施主，而西藏是一方福田。如果人們沒有忘記這份重要的歷史文件，多讀讀這封信，或許可以破除那些一廂情願的迷思。

二十世紀上半葉，先後八次入藏進行西藏宗教歷史考察的義大利藏學家圖齊也在他的著作裡，結合對薩班這封信件內容的具體分析，對這一事件的實質和一些藏族史家掩蓋這一實質的作法進行了詳盡分析。他說：「西藏歷史學家記錄下這件事情，記錄下當時處於野蠻狀態的蒙古部落與佛教之光的最初接觸，說薩班大師秉自我犧牲的精神把佛教的光輝帶到蒙古人中間。還記錄了薩班如何神奇地為闊端治癒疾病，使之延年益壽並引導他善待佛教。薩班第一次在闊端面前顯示了新宗教的儀式和難解的咒文，實際上闊端善待佛教，不過是對於從這些咒術裡召來了他覺得可怕的神祕力量敬畏的結果。」「無論如何，薩班此行並不是為了傳布佛教，他是服從闊端的命令，為了避免最壞的結局而去的，實際上這一行以經過一位西藏的代表把西藏再次交給蒙古為終結。西藏確認了在成吉思汗時代已經完成的歸順，承認了蒙古人的至高無上的權力。」

據說，百塔寺的一百座白塔恢復後，間或有藏族僧侶來此憑弔或做法事，不過，我沒有見到。而且，這裡有塔無寺，塔修復了，寺卻未見，這些藏族僧侶如何行法事我就不得而知了。倒是闢有一個展室，有些許文物陳列。其中，多有現代出版物，主題很集中，幾乎都從當年闊端與薩班會面開始，論述蒙元以來，西藏成為中國一部的歷史。我離開的時候，這個愛國主義教育基地的負責人，趕來百塔群前對著軒敞停車場的大門，與我見了一面。他自我介紹說是西北民族大學的碩士，武威市下屬的天祝藏族自治縣人，藏族。但我們的車馬上就要出發，去天梯山看北魏時期的佛教造像，未及深談便匆匆作別。

車上再讀薩班信，其中細細勸誡此前各自為政的分裂各部，「長官攜以厚貢，偕薩迦人前來，貢物多少亦與之議，余亦於此間策劃。」並開了一份建議的貢物清單，「以金、銀、象牙、大粒珍珠、番紅花、木香、牛黃、虎皮、水獺皮、蕃呢、氆氇等物，此間甚為喜愛。此間於牲畜頗不屑顧，然各地最佳之畜品貢來亦可。」

薩班這位宗教領袖的周旋固然巧妙，卻早不是吐蕃鐵騎縱橫馳騁河西走廊時的氣象了。

突然想起法國蒙古史學家格魯塞在寫《蒙古帝國史》時，說到了接受佛教對於曾經強悍一時的民族的影響。他在說蒙古人以前，先說到北魏。不想去查原著，但意思卻說得很明白。他說，引入佛教後，北魏人到處修造石窟，但從此，他們確實是變得柔弱了。柔弱的結果，當然是建立北魏的鮮卑人首先失去了他們的國家，繼而是無從保持自己的文化。在武威天梯山，就有北魏時期的石窟留存。

持同樣看法的，不止格魯塞一人。

我在這篇文章草成兩年後，再來修改時，正準備〈麗江記〉的寫作。讀到了抗日戰爭時期在麗江居停數年的俄國人顧彼得所著《被遺忘的王國》。其中有這樣的段落，也抄在這裡，「然而在古時候，西藏還沒有皈依佛教之前，連麗江都在強大的藏族征服者統治下。佛教的到來和傳播削弱了這片土地並使其屈服。」

從武威地方史料中，又看到一則轉引自《宋史·吐蕃傳》中的材料。可見佛教對於尚武的吐蕃遺民的影響，「涼州郭外數千里，尚有漢民陷沒者。餘皆吐蕃。其州帥稍失民情，眾皆嘯聚。城中有七級木浮圖，其帥急登之，紿之曰：『爾若迫我，我即自焚於此。』眾惜浮圖，乃盟而舍之。」

這是宋代的情況。

元代以降，吐蕃帝國崩潰後，還在河西地區雄強幾百年的吐蕃餘部也就終於式微了。

# 《縛戎人》：詩中的悲劇故事

讀歷史，無論是朝代史，還是地方史，都孜孜於「國族神話」的構建。中心從來都是那些處於權力中樞的政教人物。漢文史，是皇帝權臣充任主角。藏文史，是高僧大德。都難見到小人物的身影。歷史書中，幾乎不見對於他們在時代遷遞中的命運與感受。

這時，我們得感謝文學，留下一些彼時彼地普通人生存狀況的零星寫照。在武威文廟，購得小書一本。武威縣志辦編於一九八五年的《古詩話涼州》，輯錄各代詩人詠涼州的詩。印數兩萬。二十多年了，賣的還是當年那一版。也就是說，一年平均沒有賣出一千冊。回到旅館，晚餐喝了當地的武酒。帶著酒意坐在燈下，翻開新到手的書，讀的卻不是閒適詩文。

我讀白居易的《縛戎人》。

白居易的詩常見，這首詩不常見。

「縛戎人，縛戎人，耳穿面破驅入秦。」

被綁起來的戎人，今天所說的少數民族，這裡指吐蕃人，被押入了陝西，當時唐帝國都城長安。

「天子矜憐不忍殺，詔徙東南吳與越。」

可知那時對異族的俘虜也非一味殺頭了事。詩還有註，說明書編得認真仔細，引的是和白居易同時代的詩人元稹的話，「近制西邊每擒邊囚，例皆傳置南方，不加剿戮。」近制，那就是說，遠制是要戮的。

當然，這「傳置」不是今天安置水庫移民，情形自然頗為悲慘的：

「黃衣小使錄姓名，領出長安乘遞行。身被金創面多瘠，扶病徒行日一驛。朝餐飢渴費杯盤，夜臥腥臊汙床席。忽逢江水憶交河，垂手齊聲嗚咽歌。」歌中是故事，比夜更悲苦的故事。

「其中一虜語諸虜：『爾苦非多我苦多！』同伴行人因借問，欲說喉中氣憤憤。」

上層的人比誰錢多權重，下層民眾，是看誰受的苦稍少一點。

一個無名氏的故事開始了。

「自云鄉貫本涼原。」

講故事的是涼原人，也就是涼州鄉下人的意思吧，也是這本書要收這首詩的原因吧。

「大曆年中沒落蕃。」

大曆，唐代宗年號，西元七六六至七九九年。

「一落蕃中四十載，遣著皮裘繫毛帶。」

穿皮袍繫牛羊毛繩做腰帶，雖是被「遣」入鄉隨俗，也是入鄉隨了俗。

「唯許正朝服漢儀，斂衣整巾潛淚垂。」

嚴酷野蠻的時代，偶也見文明閃光，准許一個異族人在大年初一穿上本族的服裝、行自己的禮儀。只要行著母族文化禮儀時，還悄悄垂淚，那麼，這個人的心就未被征服。白居易還見過別的從吐蕃逃歸的人，這見於他在本詩的自註，「有李如暹者，蓬子將軍之子也，嘗沒蕃中。自云：蕃法唯正歲一日，許唐人之沒蕃者服唐衣冠。由是悲不自勝，遂密定歸計也。」

「誓心密定歸鄉計，不使蕃中妻子知。」

已經有了吐蕃人的妻子，還和她生了子息，也阻止不了他「密定歸計」。

「暗思幸有殘筋骨，更恐年衰歸不得。蕃候嚴兵鳥不飛，脫身冒死奔逃歸。晝伏宵行經大漠，雲陰月黑風沙惡。驚藏青塚塞草疏，偷渡黃河夜冰薄。忽聞漢軍鼙鼓聲，路旁走出再拜迎。」

哦，可憐人終於見到自己人了。可是：

「遊騎不聽能漢語，將軍遂縛作蕃生。」

史載，唐代在邊境設有守捉使，捉生將，遇人有疑，便捉之，叫捉生。

在漢人眼中，不管他會不會講漢語，他就是一個吐蕃人了。結果自然與其他吐蕃俘虜一樣：

「配向東南卑濕地，定無存恤空防備。念此吞聲仰訴天，若為辛苦度殘年。涼原鄉井不得見，胡地妻兒虛棄捐。沒蕃被囚思漢土，歸漢被劫成蕃虜。早知如此悔歸來，兩地寧如一處苦。」

對普通人來說，族與國都不可靠時，就只好「仰訴天」了。

「縛戎人，縛戎人，戎人之中我苦辛，自古此冤應未有，漢心漢語吐蕃身！」

讀完此詩，久久不能掩卷，想國族衝突下，該有多少普通人的命運如此悲慘！但歷史，尤其是中國歷史的寫法，將這些個人充滿悲劇感的故事，從來略過不看。

類似寫大時代中族與國衝突下小人物「轉若飄蓬」之命運的，同書中，白氏還有一首《西涼伎》，也可一讀。

其實，民太被忽視，國與族也就難保了。所謂朝代更替，提供的都是這樣的教訓，卻又從來未被新的統治者真正吸取。為寫此文，查閱藏文史料，從《漢藏史集》中得到一則材料，說元滅於明的原因之一，其解釋更是完全墮入佛教的因果報應。也抄在這裡吧。

「先前，當杭州宮殿被蒙古人火燒之時，蠻子之皇子向蒙古皇帝歸順了，但不得信任，被放逐他鄉，到了薩迦地方，修習佛法，人群集聚在他周圍。此時，蒙古皇帝的卜算師們說：『將有西方的僧人反叛，奪取皇位。』皇帝派去查看，見許多隨從簇擁此蠻子合尊，將此情向皇帝奏報，皇帝命將其斬首。赴殺場時，他發願說：『我並未想反叛，竟然被殺，願我下一世奪此蒙古皇位！』由此願力，他轉生為漢人大明皇帝，奪取蒙古之皇位。又據說，蠻子合尊被殺時，流出的不是血，而是奶汁。」

每一種意識形態，都有自己解釋歷史的固定套路。佛教做為一種意識形態，也有著自己熟用的方法。這位法名合尊的人，就是南宋降元的末代皇帝。蒙古人先封他為王，但不放心。就將其發往西藏薩迦地方，也就是前文薩班所來的地方出家為僧。這位前皇帝可能真的做了順民，便潛心修行，身邊有了很多信徒。元朝皇帝不放心，將他遷到涼州。仍然不放心，找藉口把他殺掉了事。這也是絲綢之路不再繁榮後，發生在武威的值得一說的故事了。

# 麗江記

# 去麗江

第一次去麗江，是二十多年前的一九八五年。

那時經過「文革」磨難的中國人開始恢復生活的情趣，剛剛開始整裝出門旅遊。我那時還在阿壩州，剛調到一個文化單位工作。無論如何，一個文化單位裡的人，總有些得風氣之先的意思。說，我們去旅遊。去哪裡？雲南。

那是第二次出門旅遊，遊滇池、大觀樓，再上西山龍門，除了在火車站排隊上車，第一次見到這麼多的人，爭先恐後擁擠往一個方向。直到汗流浹背下了山，也想不起在山上看過些什麼。上山前就不知道上去要看什麼。之所以去，因為那是一個景點。旅遊就是看景點。再去曲靖看石林。第一次看見年輕女導遊穿了當地民族服裝，手拿話筒用普通話講每個景點的神話故事。後來旅遊多了，知道此類景點故事，其實多出於應景的杜撰。但那時不知道這個。晚上在旅館，還把這些沒頭沒腦的故事補記下來。然後去大理。記得幾樣事情。坐船遊過的洱海水面。洱海邊民居夯土牆露出許多螺螄殼。立在收割後的稻田中的三塔。收割後的乾田裡有人撒網捕捉蝗蟲。沒有蝴蝶的蝴蝶泉。飯館裡趕不勝趕的蒼蠅。

在大理，決定下一個去處時，說起了麗江。那是第一次聽人說起麗江。同行的人大多也是第一次聽說麗江。所以，更多的意見是去西雙版納。因為大家都聽說過西雙版納，知道傣族，知道潑水節。後來還是去了麗江。唯一的理由是，近。沒有專門的旅遊車，長途客車搖搖晃晃一天，天黑時候才到達麗江。車子從一個高崗上下來的時候，眼前出現了麗江壩子。這是雲南的地理，爬一陣山，下來，過一個壩子，再爬一陣山，下來，又過一個壩子。麗江應該是雲南省最西北邊最後一個壩子了。記得看見了壩子盡頭立著一座雪山。雪山沒什麼稀罕，我們所來的地方，到處立著這樣的雪山。那陣的麗江還沒有在旅遊地圖上。當地也沒有今天這樣隨處可得的旅遊指南。就像今天的大多數遊客，並不知道自己為什麼要來這麼一個地方，卻又來了，也就無頭蒼蠅一樣四處瞎逛。仔細回想，也沒有什麼特別的印象。去過黑龍潭，也就是一坑水。哪一處的公園沒有這麼一坑水？唯一新奇的是四方街，白天是熱鬧的市集，熙熙攘攘的當地人，買賣些什麼不記得了，彷彿還有好多牲口，下午時分，人流散盡，留下很多垃圾，包括牲口糞便，突然有不知道從哪裡來的水漫流到街上，加上一些拿大掃把的人，不一會兒，石頭鑲嵌的廣場就乾乾淨淨了。那些光滑的石頭，在黃昏中，閃爍著一種特別溫潤的光亮。

晚上在旅館裡看一本《雲南簡史》，年代紛繁，民族眾多，頭昏腦脹卻不得要領。就這樣，登上回程，離開麗江。

二去麗江，十多年後了，準確地說，是到瀘沽湖經過麗江。去住了一個晚上，回又住了一個晚上。其中一個晚上，住古城的家庭客棧。過一道水渠上的小橋就到了商店酒吧密布的街上。出了街，就是四方街那個廣場。廣場上有了雕塑，掌燈時分依然人來人往，熙熙攘攘，不是本地人，是遊客。這一回的收穫是，看到了當年沖洗四方街的水流所來的方向，並看到了放水的閘口。回來那晚，在城邊農家樂喝酒，簡單的建築四周，松木參天。吃飯時候，有人唱歌助興。有當地的納西族歌手，也有從中甸來的藏族歌手。這時的麗江已經是一個旅遊勝地，熱鬧非凡。

那時，已經知道些麗江地方的歷史，知道洛克，知道納西族木氏土司，知道玉龍雪山中某處有納西族青年神聖的殉情之地，知道有一群老人每天搬演內地失傳的洞經音樂，但也就是知道而已。因此主人安排的以後節目，都被我謝絕。我不是小資，我並不覺得麗江這個地方一定非來不可。

再過了幾乎十年，這一回，我決定再去麗江。

這一回，麗江將與我漫長的寫作生涯，發生一次短暫的關聯。

這是二〇一二年六月。

兩年前，我有了兩個計畫。這兩個計畫，一個是要花幾年時間，把整個藏區，以及歷史上與藏區發生過密切關係的地方，都走上一遍。目的是對藏民族文化的內部多樣性做廣泛而獨立的考察，同時，通過麗江這樣與藏文化產生過密切聯繫的地區，來觀察歷史的大尺度下一種文化的消長。再一個計畫，就是拍攝與記錄青藏高原及其邊緣地帶野生的開花植物。恰好，麗江這個地方，與我的兩個計畫都有關涉。所以，這個地方便成了我不得不來的地方。

去前，已經請當地普米族詩人魯若迪基備好了車子。但我毫不容情地推翻了他製定的旅遊節目清單。這一回，我做過功課，我有我的日程清單。魯若迪基說，這一下，情形變了，從我帶阿來遊麗江，變成了阿來帶我遊麗江。

老朋友間不必客氣，我說，你的任務就是開安全車、帶正確路。

第一站，麗江高山植物園。

這個植物園，是我從網上搜出來的。

二〇〇一年，中國科學院昆明植物研究所和英國愛丁堡皇家植物園合作，於二〇〇三年建成了麗江高山植物園。網上資料說，中英合作的這個專案，包括麗江高山植物園、野外工作站和一個高山自然保護區。

植物園距麗江城二十四公里。所在地名叫哈勒古。

網上資料說，該專案受到中英雙方高度重視，於二〇〇四年對外宣布為英國在中國的第一個聯合科學實驗室。

網上還說，據昆明植物研究所考察，植物園所在這一地區有種籽植物一百四十五科、七百八十五屬、三千兩百餘種。麗江高山植物園將在五年中，初步建成高山植物集中的科普展示和生態旅遊園區，並向公眾開放；建成杜鵑花專類園，從英國愛丁堡植物園栽培馴化的中國杜鵑科植物回歸杜鵑花二十種。那麼，我到麗江時，這個植物園已經建成九年了。

我去過蘇格蘭的愛丁堡皇家植物園。那個植物園栽培和馴化採集自世界各地的野生植物，其中，來自中國的植物，特別是來自中國西南部橫斷山區的植物是一個重點。愛丁堡植物園中，因此有一處地方專門命名為中國坡，我曾在那塊園地中盤桓整整一天時間，拍攝那些來自遙遠中國的開花植物。落新婦、鐘花報春和偏花報春、火絨草、繡線菊、杜鵑、金絲桃和並不產於西藏，卻在中國因西藏而得名的藏紅花。記得園中的中國坡豎著一面木牌，上面一幅中國地圖，所突出的正是中國西南的橫斷山區，少數幾個地名中就有麗江。所以，我對麗江的高山植物園充滿了期待，特意為相機準備了雙份的存儲卡和電池。

那二十多公里的沿途，風景真的是美不勝收。出麗江城，過幾個莊稼地圍繞的村莊，地勢緩緩上升。直到玉龍雪山陡峭的山體前，都是間生著松樹與高原柳的牧場。一些馬匹散布在被風拂動的草原。草原上，到處都有一叢叢金絲梅綻放著黃色的花朵。

幾經詢問，車開到了陡峭山坡前的植物園。沒想到植物園這麼冷清，甚至有些荒涼。關著的鐵柵門旁牆上的確掛著植物園的牌子，旁邊是一座只有幾個房間的小平房。天將雨未雨，氣溫很低，扒著平房的窗戶，看見一間房子裡有幾個人看書談話。

沒想到他們會應我的要求打開大門，並回答我的問話。他們說，植物園還在建設中，沒有對公眾開放。當然，也沒有公眾要求開放。問他們網上宣傳的科普展示和生態旅遊園區在哪裡，他們搖頭說不知道。他們只是到這裡短期工作的科研人員。他們告訴我，從這山腳，一直向上，到海拔四千多米的高度，都是高山植物保護區。但這些都不重要了，我看見大門正對的山坡，一片溪水漫流的草地上，正盛開著大片紫中泛紅的報春花。我知道，這是只在植物誌上見過的海仙報春。那幾個專搞植物學的人，見我有如此愛好，自然敞開大門任我進園拍攝。報春花科的開花植物在橫斷山區蔚為大觀。據統計全世界共有報春花五百餘種，中國占兩百九十六種，而橫斷山區是其主要分布地。我已經在不同的地方拍攝過十數種報春花。海仙報春卻只從植物誌上識得，在野外，這是第一次遇見。我在這片半沼澤的草地上忙活了兩個多小時，盛開的海仙報春之外，還有結了繁密果實的小檗、開白花的粉條兒菜、開紫色花的瓣蕊唐松草。拍得累了，坐在山坡上乾燥處休息，頭頂的陰雲正被高空風急急驅散。隔著樹叢，我發現整個麗江壩子展現在眼前。植物園的位置，在麗江壩子的最高處。大地從此鋪陳而下，隔著大片牧場，是村莊簇集的田野，田野的盡頭，是麗江城，城的盡頭，又是一派青翠的隱約遠山。

出園子時，去向那幾位搞植物研究的人道謝，他們在另一間空蕩蕩的房子裡，圍著地上的一盆菜，蹲著吃飯。說趁天晴了，趕緊吃了飯，好上山去觀察點開始工作。

本來準備去雪蒿村，那是今天在麗江有大名聲的美國人洛克早年在麗江四處搜羅野生植物，再轉而研究當地文化時主要的居住地。但在路上吃過午餐，休息一陣，天氣又變化了。天上的雨雲迅速聚集，繼而雷聲隆隆。正好在麗江有不認識的人相約見面，通過當地朋友介紹覺得不夠穩妥，又託了北京的朋友來說。於是，臨時改變計畫，回麗江城。

被邀到一家書店樓上喝茶。普洱，還有滇紅。約我見面的是麗江市教育局局長李國良，一位精幹女士，以前是當地中學的歷史教師。書店經理也是一個愛書懂書的人。他和李國良想必已經了解過我的愛好，說從書庫裡清出一套老書要送給我。

書搬來，一大紙箱。

書名叫《雲南史料叢刊》，楚圖南隸書題簽，共十三卷，十六開本，每卷都在八百頁上下，一千五、六百萬字。雲南大學出版社二〇〇一年出版。

當下迫不及待，抽出一本，是第十二卷，翻開目錄，就有川滇藏區和麗江當地史料，名列其間。如清人余慶遠的《維西見聞紀》、魏源《聖武記．國朝撫綏西藏記》和《麗江木氏宦譜記》，都是與麗江相關的重要史料。得此厚禮，欣喜異常。但我得穩住情緒，先問他們有何事相託。李國良說，想請我寫一篇關於麗江的文章。我笑，說有關麗江的文章，已有氾濫之嫌。她正色說，麗江市政府一直希望有一篇寫麗江的文章，可以編入中小學教材，從我的微博上看到我要來麗江，所以……我笑說，我這是自投羅網。但麗江的千頭萬緒，如何寫起，還適合中小學生閱讀？真是個難題。我只答應這些天會認真考慮，並依依不捨，把書放回箱中。這也是不願無功受祿的表示。

不想，第二天早上，就收到書店經理短信，說這箱書，已從郵局寄往我在成都的工作單位了。就覺得，這篇文章是非寫不可了，如何著手，依然心下茫然。

吃完晚飯，到四方街，逛麗江古城，各種旅遊商店林林總總，遊人簇擁。最多的是酒吧。大酒吧裡歌聲、電子節拍器聲和鼓聲交相激發；小酒吧清靜雅致，窗裡燭光幽幽，窗外是穿行古城的渠水，倒映著燈火，光彩迷離。這是今天遊客們的麗江。很多小資的網上或紙上文字，都津津樂道他們對麗江的新定義：豔遇之都。

那麼，那些一夜兩夜三四夜的情場遊戲，就是從那燈火迷離或歌聲鼓聲相互激發的地方開始發生的吧。

那麼，經過那些地方，也正是與一些正在萌發的豔遇錯肩而過了吧。

散步畢，回古城外的酒店，夜讀麗江。

所帶的書是《納西族與藏族歷史關係研究》。著作者楊福泉先生。他是納西族，歷史學博士，就職於雲南省社會科學院。二〇〇九年，在拉薩參加一個有關藏族史詩《格薩爾》的學術會議，得以相識，並蒙他見贈此書。當時就讀過一遍，對他所下的扎實工夫留有深刻印象。這次帶了這本書到麗江來細讀，相信會得到更多的啟發。

# 玉龍雪山和九子海

早餐時，特意坐到飯廳外的露台上。

為的是，這樣可以看到玉龍雪山。

先有霧，雪山不可見。但很快，陽光就驅散了霧氣。目光越過幾道覆著青瓦的屋脊和幾株大樹，其中一株山玉蘭正在開花。隔著這些樹，玉龍雪山晶瑩的雪峰就聳立在藍空下面。主峰下有一道陡峭的絕壁，當地人叫做扇子陡。

約瑟夫．洛克的巨著《中國西南古納西王國》寫到了玉龍雪山，「最南端的高峰是最高峰，高聳於整個麗江壩子之上，它稱為扇子陡，是因為它的有皺褶的表面，即頂峰下鋪開的雪山山脊，像是一把直豎著的打開的扇子。」

其實，約瑟夫．洛克在學術上是個半路出家的人，但這並不妨礙他的行文非常學術體、非常冷靜。

其後，一個叫顧彼得的俄國人也來到麗江，並在此度過了整個一九四〇年代。這個人也留下了一本書《被遺忘的王國》。

顧彼得在書中也寫到了玉龍雪山，文筆具有相當的抒情性。

「我下馬凝視這天堂的景色，氣候溫和，空氣芳香，帶著一股從聳立在壩子上的大雪山傳來的清新氣息。扇子陡峰在夕陽中閃爍，彷彿耀眼的白色羽毛在頂上揮舞。那上面風暴怒號、雪花漫捲，彷彿帽中絨花。下面卻一切平靜。一片片的樹叢，紅的桃花，白的梨花，和羽毛般的竹林相互點綴。而這一切都隱蔽在分散的小村落裡白色或橘黃色的房屋背後。」

這一切，正跟我當下從一家酒店的露台上看見的情景相彷彿。

我多吃了一片麵包，還多喝了半杯牛奶，就是為了去到那座雪山。

開幾十公里汽車，然後在一片雲杉林裡換乘高山纜車。纜車升到半空，掠過高大的雲杉樹梢，掠過杉樹間那些林間草地，掠過從山上奔瀉而下的飛珠濺玉的溪流。下方的樹變得低矮了，變成了杜鵑樹叢、伏地柏的樹叢。然後，是高山草甸，然後，草也消失，變成了滾滾的閃爍著金屬光澤的礫石。礫石灘上方，是陡峭的岩壁。然後，閃閃發光的冰川在岩壁的頂端出現。在這些陡壁上方，出現了一個平台，纜車停下。現在，我們已經站在玉龍雪山上了。但不是它的頂峰，而是在肩頭上。那些表面堆積著灰色岩石碎屑的冰川上方，才是扇子陡的絕壁。絕壁上方，是這座雪山晶瑩剔透的冰雪冠冕。洛克所描繪的扇子陡絕壁上一道道遒勁的皺褶，被斜射的陽光勾勒得更加清晰遒勁。

同行的當地朋友自然覺得有責任向我介紹些有關這座山的神話傳說，我謝絕了。我就想來看一座拔地而起雄踞於藍空下的山，看一座沉默無言的山本身，而不想多聽那些把山人格化或者神格化的傳說。

把滿世界都弄得充滿種種神靈的世界觀早已讓我厭倦。藉眾多的神靈統治人類意識形態的世界早就失去生機。而不信神的人把對自然本真的認識轉託於某種虛無的神靈，情形就更是不堪。

有一個永遠停留在珠穆朗瑪峰的登山者曾經說：「山就在那裡。」是的，山就在那裡，我只要看見山，看見冰、雪和岩石直接構成的雄偉莊嚴。

遊客開始蜂擁而來的時候，我們已經踏上歸程。纜車上，我一直在注視，注視那些融化的冰川水，如何絲絲縷縷地垂下懸崖，如何在懸崖下匯成溪流，如何在草甸間、在杜鵑樹叢中曲折蜿蜒而相互匯集、壯大，很快變成白浪飛濺的小河，在雲杉林中奔騰而下。

很快，我們就在山谷中稀疏的松樹點綴的草地上了。

草地上，雞肉參、烏足蘭正在開放。接下來，似乎該下山，回麗江城中休息了。可我還是意猶未盡，想再四處走走，也許會遇見未曾遭逢過的什麼奇花異木，特別是一些久聞其名、卻未得一見的美麗植物。這樣的意外之喜，前一天就遇到過一回。那天上老君山，去看杜鵑，下雨，除了些黃杯杜鵑，大部分杜鵑花期已過，心中難免失望。但下山路將盡時，卻見路邊林前草地上，星星點點，有白色的光點閃爍。趕緊下車。是聞名許久、卻未能在野外親見的象牙參！

陪同的李國良局長說，其實她已安排了一個新去處——九子海。她說，那裡的海子邊，有更多的報春花。我這個常在青藏高原、在橫斷山區行走的人，這些年，除了文化考察，對於高山上美麗的野生開花植物有了越來越濃厚的興趣。於是，便欣然前往。離開景區公路，一條崎嶇的公路在一道淺而平坦的山谷中蜿蜒。那是另一種地理面貌。從玉龍雪山上奔流而下的水流，不知道在什麼時候從什麼地方消失了，山谷兩邊的緩坡上盡是裸露的石灰岩。疏密不一的櫟樹林就生長在這些岩石中間。櫟樹林下，開放著好幾種植株並不高大的杜鵑。準確認識的只有一種，白色花瓣的長蕊杜鵑。不一會兒，櫟樹林和山谷到了盡頭，山路隨山坡猛然下跌，然後，那個美麗的山間盆地出現在眼前。

在乾旱的四圍環山中，這個叫做九子海的山間小盆地滋潤、肥沃、碧綠，而且寧靜。草甸和農田間，還有兩個小湖泊亮光閃閃。九子海，顧名思義，是說這山間小盆地有九個湖泊，但這些年，雲南省旱情嚴重。這裡的湖泊也因缺水而大多乾涸了。

公路幾經盤旋，我們終於從半山下到了盆地的底部。

盆地的邊上，是一個安安靜靜的村莊。

先看到村支書不在家。支書的女人出來招呼。兩位陪同的朋友去張羅一頓鄉土風味的午飯。我自己去這小盆地中四處轉悠。我看到，剛才消失不見的水又出現了。從山坡與盆地相交的岩縫間，甚至就直接從平展的草地下冒出來，匯集成溪流，在盆地中蜿蜒。一個個泉，一條條溪，老百姓說，都是來自玉龍雪山的融雪水。只不過，流到半山，就鑽到地底下，又在九子海這個小盆地中露出頭來。一個老鄉說，你跟水走，走到落水洞那裡，就又不見了。我便跟著蜿蜒的水流，穿過那些開滿報春花的草地，直到盆地東南方，果然，水流從那裡突然跌入一個空洞，又一次從眼前消失不見了。這樣的洞，當地人稱為落水洞。老鄉說，這一股水，從地下一直奔向麗江城，重新現身處就是城邊的黑龍潭。黑龍潭被人工渠引到老城，沖洗四方街，並流經古城百戶千家門前。

而現在，我只看見水流在跌入深洞，消失不見。我不是地質學家，不敢斷定這水就是在黑龍潭露頭的那一股，但我願意相信那位牧牛老鄉的話，相信就是這水在麗江古城被巧妙應用，滋養了自然而美麗親水的生活。

看了水回去，我穿過報春花盛開的草甸。準確地說，是燈檯報春盛開的草甸。在好多地方，我都看見過這種美麗的報春花。可是，就在一個村落邊上，就在莊稼地邊的濕地裡，開得如此繁密、如此眾多的報春花，卻從未得見。

等到有人來招呼我吃飯時，我手上、身上已因為湊近拍攝而沾滿了這種報春花特有的白粉。

那真是一頓好飯。那麼鮮美的野菌。那麼粗糲又飽含植物本香的蕎麥飯。坐在屋簷下吃得都有些撐了，這才抬頭看見，大門兩邊的壁上張貼著好幾張報春花圖片。除了眼下正盛開的燈檯報春和橘紅燈檯報春，還有另外幾種。主人說，這些花都是會在這片草甸上漸次開放的品種。主人還說，這些圖片都是常來這裡的和博士拍了張貼在這裡的。主人引我看一張照片。那是許多人，站在一個陰天的天空下、在九子海的草甸中央、在許多盛開的報春花中間，身後張開一個條幅，上面有報春花節的字樣。這使我產生了特別的興趣。坐下來，細細向主人打聽。

不想，李國良局長說，她認識這位和愛軍博士。和博士是麗江當地的納西人，大學畢業後成為專業的植物學研究者，曾在日本攻讀博士，主要研究方向就是橫斷山區蔚為大觀的報春花科植物。學成後，和博士沒有留在條件優越的日本，而是回到故鄉麗江，在當地從事植物研究與保護工作。這個報春花節，也是他所組織的激發公眾關注自然生態，特別是當地珍貴野生植物資源保護的活動之一。

李國良問我要不要認識這個人。我當然高興有機會向這樣的專家請教。她當即打了電話。她說，和博士正在拉市海邊，不過會馬上放下手頭的事情趕來這裡。拉市海距九子海好幾十公里。我說不必來了，其實，也不太相信和博士真會前來。

飯後，我們繼續走向報春花盛開的原野。

那片紫紅色與白色花相間的原野，真讓人流連忘返！

紫紅色花當然是報春。白色花是草玉梅，和更多的我尚不知種名的銀蓮花。草甸就這樣紅白相間著，一直鋪展到遠山跟前。在一個小湖邊，我還看到了長柄象牙參的黃色花倒映在如鏡的水面。用了不同的鏡頭一陣狂拍後，相機電池快耗盡了。我還捨不得離開，便坐在一面小湖邊繼續觀賞這自然奇觀。

這時，和博士來了。

大家沒有太客氣。熱愛同一種事物的人，接觸起來用不著過分的客套。我們立即切入主題。我向他請教此地報春比別處更加繁盛的原因。和博士說，通常的觀點認為，野生環境中的植物不宜受到人為擾動。但據他對九子海報春的多年實地觀察，適度的人類活動——人的直接活動和間接活動（畜養的牲畜在草地中的不斷穿行），其實有助於這些植物相互傳粉與種籽的傳播。只是這種人為擾動，什麼樣程度算是合適，還不能有一個量化的指標，這有賴於更長期的觀測研究。

和愛軍博士告訴我，他正力主促成在九子海建立一個「世界報春花園」，集野生報春花品種研究、保護、馴化，以及旅遊觀賞於一體。過幾天，我回到家，和博士把他即將出版的關於在九子海建立「世界報春花園」的研究報告發到我信箱，使我拜讀到他基於可持續發展理論、生態建設理論和生物多樣性理論對此所做的詳盡的可行性論證。特別是其中報春花屬植物在麗江地區的種群分布情形的介紹，使我這個高山植物的業餘愛好者受益良多。

來麗江前，春天，因為我小說英文版的出版去倫敦，曾抽空去那裡的皇家植物園參觀。看到好多種標明出自喜馬拉雅山區的報春花正在園中盛開。也聽本國植物學家說過外國植物學家來橫斷山區採集野生植物標本與種籽的故事。其中一個叫威爾遜的人，他就採集過很多中國橫斷山區的植物到英國馴化。關於此人，有一個故事跟報春花有關。

跟前面說過的海仙報春很近似的另一種報春叫香海仙報春，在英語中據說就是威爾遜以他新生女兒的名字命名的。中國那麼多的美麗植物，自古以來，生長在荒野中，花開花落，自生自滅，大多數都未經科學認定，要等外國人來命名來發現。今天，這種情形已經隨著中國人科學意識的覺醒、現代教育的普及、國力的增長而漸有改觀。

於是，才有和愛軍博士這樣的人出現，以科學的方式，重新認識自己的鄉土，檢視自然環境，並努力尋求以科學方式建設鄉土的可能與機會。

# 雪蒿村

該去雪蒿村了。

這當然是因為一個人——約瑟夫．洛克。

他於一九二二到達，一九四九年最終離開，這二十七年間，雪蒿村是洛克在麗江的根據地。他從這裡出發，四處探險。

這個野心勃勃的人，是在二十世紀初探險家們掀起的對中國西南部的探險熱潮中來到麗江的。

這些探險者中，有一種叫做植物獵人。在中國人對自己國土上豐富多樣的植物資源價值還毫無意識的時候，這些人到來了。他們深入邊僻，上高山，下深谷，瘋狂採集植物標本和種籽，帶回自己的國家，豐富健全植物學體系，馴化中國原野中自開自落的野花，妝點他們越來越美麗的花園。

在洛克之前，已經有法國人特拉佛、杜各洛、叔里歐、孟培伊，英國人弗瑞斯特、金頓、愛德華、安德列，奧地利人韓馬吉，美國人喜納特等相繼進入玉龍雪山周圍攫取植物資源了。其中，英國人弗瑞斯特和金頓的考察據點也在雪蒿村。這些西方人，來自那些創立了現代主權國家法律體系的國度，包括洛克在內，卻沒有任何人想過這樣的行為，是否侵犯了另外一個國家的主權。

洛克來中國前是夏威夷大學的植物學教授。一九二二年，他被美國農業部聘為農業考察員，來到中國。那時的中國內地，軍閥混戰，在中央政府力不能及的邊疆地帶，不同民族的地方豪酋、不同的宗教勢力彼此明爭暗鬥，用洛克的話說，「中國唯一永恆的東西是混亂。」

但外國人卻依著自己的計畫按部就班。

洛克最初的行動，就是花著美國農業部的錢，以雪蒿村為根據地，在玉龍雪山中，以及玉龍雪山以西以北更廣大的地區，進行植物標本和種籽的採集。美國人薩頓為洛克所作的傳記中提到，僅一九二八年四月到九月，不到半年時間，他從雪蒿村出發，經瀘沽湖，到達康巴藏區的四川木里，再由此深入到貢嘎嶺腹地。返程時，就帶回幾千件植物標本，外加各種飛禽標本七百餘件。同時，他還測繪了這些地區的地圖，並拍攝大量照片。動植物標本到了美國農業部，地圖和照片到了美國國家地理協會。

因為地圖與照片，他同時被美國國家地理協會聘用，以國家地理探險隊員的名義四處探詢。他不無得意地說：「大多數探險者滿足於對特定地區做匆匆忙忙的考察，」「而筆者並非如此。我花了十二年的時間，對雲南、西康和與此毗連的納西人居住區域進行了全面考察。」

這個地域相當廣大，以今天的區域劃分論，雲南麗江地區之外，他還到過雲南省的中甸藏族自治州、四川省涼山彝族自治州的木里藏族自治縣、甘孜藏族自治州和西藏自治區的昌都地區。其實，他的足跡遠不止於此，一九二四年至一九二八年間，他還三次到達今甘肅省甘南州的夏河縣一帶，在那裡，洛克以當地著名的卓尼土司客人的面目出現。而且，他還更向西，進入青海，考察了靠近黃河源頭的阿尼瑪卿山地區。

當他相繼結束了與美國農業部和美國《國家地理雜誌》的聘用關係後，已經失去了經濟來源。但洛克沒有返回美國，而是以一個納西文化研究者的身分繼續停留在麗江、停留在雪蒿村。這時，他不再採集植物標本，也不再為《國家地理雜誌》寫作，而是專心於對納西文化的研究與寫作。對洛克生平深有研究的薩頓說，在這一時期，「他的著作包括了納西族的歷史、對納西族宗教儀式的描述和對手抄本（東巴經書）的翻譯。經歷整十年（一九三五至一九四五）的工作，他完成了研究納西族歷史的書稿，出版了好幾本東巴教儀式的書，並一起編入了他內容豐富的絕世之作《納西語——英語百科詞典》。」

洛克自己也樂於提及這段經歷，「當我住在過去納西王國的首府麗江之時，我獲得了所有重要的碑文拓片、拍攝了納西首領的家譜和珍貴的手稿，以及可以追溯到唐代和宋代的祖傳遺物，此外，我還收集了四千多本納西象形文手稿。其中的許多手稿具有歷史價值，其他不少手稿是納西人的宗教文獻，它們與西藏佛教前的苯教有關。」

洛克在一九四四年離開麗江。以前他也曾短暫離開這裡回到過美國，但這一次，他好像不會回來了，因為他在麗江搜集的所有學術資料和所寫的著作都被盡數運走。美國軍方知道他對喜馬拉雅東段和橫斷山脈南端接合部的地理有相當細緻的了解。而這一帶正是中國抗日戰爭後期，美國援華物資進入中國的駝峰航線飛越的地區。所以，美國軍方召他到華盛頓，在美軍地圖供給部參與駝峰航線的地圖繪製。

洛克先期飛往華盛頓，他所有學術資料裝上了軍艦，橫渡太平洋。非常不幸，這艘軍艦被一艘日軍潛艇的魚雷擊中，洛克積累了二十多年的關於麗江納西族以及周圍其他民族地方資料，隨軍艦一起沉入了太平洋。其中還有他《納西語——英語百科詞典》的全部手稿。這個打擊使洛克曾打算自殺來結束生命。這時，他已經六十歲了，不可能再去從事壯年時代的探險，而且，他後期對納西文化的研究是沒有機構資助的，他已經為此耗盡了全部積蓄。

他的傳奇經歷在美國本就受人關注，痛失資料與作品手稿的遭遇，更激起了一些人的同情。正是在同情者的幫助下，他的《中國西南古納西王國》一書得以在哈佛大學出版社出版。同時，他的同情者還為他爭取到新的資助，使他可以重返麗江去重新撰寫《納西語——英語百科詞典》。這使得他在「二戰」結束後的一九四六年九月又重返麗江。這一次，他又在雪蒿村工作了三年。直到他的面部神經痛使得他不能吞嚥固體食物，才不得不飛回美國接受手術治療。但他在術後馬上返回了麗江。這時，中國的「解放戰爭」大局已定，最後，他不得不乘美國領事館派來的飛機離開了雪蒿村。這一離開，就是永遠。

一九六二年，一生未婚的洛克死於夏威夷家中。

死後一年，《納西語——英語百科詞典》第一卷在義大利羅馬出版。而該書的第二卷，到十年後的一九七二年才正式出版。

以後人們才逐漸認識到，這是一部不朽巨著，「一部涉及納西族宗教及源於泯滅的古代納西語言文化的詞典。」

其實，洛克的研究工作，很早就受到關心中國西南問題人士的關注。一九二九年，藏漢混血的劉曼卿女士，主動向國民政府請纓，去拉薩向十三世達賴喇嘛和西藏地方政府，傳達中央政府改善中央與西藏關係的意願。並藉此機會也廣泛考察了川滇藏接合部的社會情況，歸來後寫成《康藏軺征》一書。此行中，劉女士也到了麗江，並留下了關於洛克研究納西古文字的紀錄，「麗江乃滇省迤西之重鎮，在清為府，今則改為縣矣。其民族非漢非藏，亦非百子，乃另一民族也……有象形文一種曰東巴文，現不用以紀事，但書於木劍之上，懸之門首，用以禳禱祛邪而已。有美國駱約瑟其人者，曾久留是地，研究此文，稱為文中最古者。」這位駱約瑟就是洛克，劉女士文中是錯植文字，還是當地人就這麼稱呼約瑟夫．洛克的呢？這已經不得而知了。中國從來都是有明白人的，但中國的明白人總是太少，明白人的聲音也總是很少被人聽得明白。

至今，我沒有得到過這部巨著在中國出版的訊息，但我很高興，在麗江，納西族朋友們送給我《中國西南古納西王國》一書的中譯本。翻譯者名單中，就有我熟悉的納西族朋友。

所以，我一定要到雪蒿村看看。

洛克自己在書中兩處寫到過雪嵩村，不是寫他在村中的生活，而是簡明而客觀的關於雪嵩村地理位置的描述。

一處說：「雪嵩村位於麗江壩子西北部的盡頭，剛好就在雪山山腳，它的海拔是九千四百英尺（二八六五米）。由於它離雪山近，所以當我勘察雲南西北部和西康時，它總是我的總部所在地，我就是從這個村子出發去金沙江峽谷和北地的。」

一處又說：「該村名叫嗯魯肯，約有百戶人家。漢語稱之為雪嵩村。」

今天的雪嵩村很僻靜，少有遊客光臨。在村中找到洛克客居多年的那所房屋時，院門上掛著鎖，但門上也插著一個紙牌，上面說要參觀洛克舊居，請打電話，並留有一個手機號碼。打通電話才十來分鐘，一個清瘦的老人就來替我們打開了這個並不寬敞的院子。院子裡栽著些花木，蘭草芍藥之類，都不在花期。這是一座「凹」字形的建築，主體是正中間的兩層小樓。洛克的臥室兼工作室在二樓。房子裡還陳列著當年的木製家具，掌管著這所房子鑰匙的老者說，這些家具都是按照洛克的要求，由當時村中最好的工匠打造的。老者是洛克房東家的近親。他說，真正的房東家人都不在雪嵩村了。從洛克居室的窗戶往下看，正是樓下的安靜院落。樓下左廂的幾間房打通了，成為一個小型陳列室，最主要的展品，是洛克拍攝的地理與人物照片。相當部分，已經在有關洛克的出版物中看到過了。

晚上，在麗江城中讀一些同時代的人關於洛克的文字。一則文字，見於美國記者愛德格・斯諾的記錄。就是那位後來寫下《紅星照耀中國》的斯諾。那時，他剛剛進入中國不久，從上海出發，經越南到達昆明，再經昆明去緬甸。在昆明他遇到洛克，並與洛克的馬幫同行一段。在大理，兩人分手，洛克繼續向西北的麗江進發，而斯諾轉而向南，去往緬甸。斯諾這一行，不斷撰寫旅行見聞，寄回美國，在紐約《太陽報》發表。這些文字，後來結集成《馬幫旅行》一書，在中國出版。

必須指出的是，那時的斯諾也是在中國西南進行探險旅行的西方冒險者中的一員，他在自己的文章中寫到了促使他進行這種旅行的動機：「當然，我想到馬可・波羅沿著他的路線橫貫中亞這一古老的誘惑，偷偷地爬上了我的心頭。」於是，從雲南昆明到緬甸的馬幫旅行，「已經成為我的決定，我的雄心壯志。」

進一步刺激他真正踏上這條馬幫之路的，是他在上海遇到了一個叫羅斯福上校的人。「西奧多爾・羅斯福和克米特・羅斯福帶領他們的探險隊，到中國西部去搜捕大熊貓，而結果大熊貓是在雲南境內被他們射殺的[1]。」

「羅斯福上校在上海時我見過，而且做了兩次長談。」

「他說他們在急風暴雪的高原上紮營，順著溜索橫越揚子江，用臨時紮起來的木筏橫渡湄公河。他說有一次差一點碰上土匪……他還談到在四川捉到金絲猴、在雲南捉到羚羊。他生動地描繪了馬幫生活，描繪了翻越崇山峻嶺、穿過密林的長途跋涉。聽起來真夠味。他的證詞使我感到滿足，我所需要的正是這樣的旅行。」

當然，斯諾也讀到了洛克發表在《國家地理雜誌》上的文章。他說：「約瑟夫·洛克博士在美國《國家地理雜誌》上發表的文章非常有意思，特別是那些照片。」

看來，那時候能往各自的國家帶去描繪中國西部的文字，或者帶去動植物資源的外國人生活得都相當不錯。斯諾在書中抱怨，「我手下除了一名四川廚師外，一個人也沒有。」

他之所以這樣抱怨，是和洛克博士相比較。

「洛克博士受哈佛植物園和美國農業部的派遣，經費充裕，能夠僱用一隊馬幫裡面大部分馬匹供他個人使用，他也沒有不易與當地人聯繫的困難，他從西方帶來他自己的

1 筆者註：斯諾所記有誤，羅斯福探險隊射殺大熊貓是在四川岷山山區。

馬夫。他有十名納西族人同行，他們對山路十分熟悉，而且對他忠心耿耿。

「洛克習慣於野外生活，他的種種巧妙的設備，可以說明一個孤寂的漫遊者忘卻自己已經遠離家室、遠離親人、遠離美味佳餚。他有許多天才的發明，如摺疊椅、摺疊桌、摺疊浴缸、熱水瓶，等等。無怪乎他所到之處，當地人敬畏之餘，無不把他看作一位外國的王爺。我本人能廁身於他的侍從人員之中也深感慶幸。

「唯一的不幸就是到了大理府，他就要把我扔下，率隊北上，只消再花六天工夫，就可以到達麗江，而我卻還要折騰一個月左右才到得了緬甸。」

薩頓在她的洛克傳中就指出，洛克能如此長時間停留麗江，除了他冒險的天性，以及越來越強烈的對納西文化的癡迷，其實還有另外的原因，因為唯有在中國麗江，「能過上他異想天開的、有權有勢的豪奢的生活，除了置身於遙遠的異邦，除了生活在『次等』民族中間，哪裡還有他理想的歸宿呢？」

也有很多文字描述過這個人的自負與傲慢，記得藏學家任乃強在某本書中也說，他曾在康定見到過正在著手測量四川藏區最高峰貢嘎山高度的洛克。而這位美國佬留給任先生的也不是什麼好印象，也是因為他的目空一切、因為他的傲慢。想查查任先生當年的文字，便在家中書房到處翻尋，一時卻找不到這本書了。不意間，卻翻出另一本小書來，和斯諾那本《馬幫旅行》同時編入雲南人民出版社的「舊版書系」叢書，叫做《雪山．聖湖．喇嘛廟》，書中所收文章分別發表於一九三九年和一九四〇年。作者李霖燦。李先生那時任職於抗戰中遷移到昆明的國立藝專。國立藝專為研究邊疆藝術，設立麗江工作站，李先生在那裡工作時，周遊過玉龍雪山周圍，及與麗江相鄰的瀘沽湖與中甸（如今已更名為香格里拉）藏區。除這本旅行記類的文字外，李先生還有《麼些（今稱納西）象形文字字典》、《麼些經典譯注九種》和《金沙江情歌》等專著出版存世。

李霖燦在關於瀘沽湖（永寧）的文字中，寫到了洛克與這個地方少數民族總管阿云山的友誼，讓我們又得見洛克身上深具人情的另一面。李霖燦去到瀘沽湖時，這位深孚眾望的阿云山已經去世。但他還是記述下阿云山救助洛克的一個故事。前文說過，洛克曾深入康巴藏區的貢嘎嶺地區探險考察。「那年西康稻城縣的貢嘎嶺匪人作亂，聲言要洗劫永寧，並且要吃洋人肉。因為洛克博士到貢嘎嶺探險後，不幸當地落了大冰雹，打傷了許多人畜，貢嘎嶺的強人說這全是洋人來了沖犯了山神，所以必欲得之而甘心。」那時，洛克正待在永寧的瀘沽湖上，阿云山得知這一消息，連夜把洛克送到金沙江邊，並動員江邊的藏人納西人中會水的「蛙人」，用羊皮浮囊「革囊渡江」，將其送回麗江。

據說，這是阿云山一生離開瀘沽湖兩次中的一次。

而李先生剛到瀘沽湖第三天，洛克也前後腳來到了瀘沽湖上的永寧總管家的寨中。「原來是那一陣子日本人進攻雲南西部，騰沖、保山都有失守的謠言，於是把這位老人家嚇得趕快奔來瀘沽湖避難。湖山無恙，故人已逝，那兩棵他手植的尤加利樹苗早已高可參天。洛克博士一進山門便用他那老態龍鍾的手一再撫摩樹幹，手背上的皺紋和尤加利樹樹幹的光滑相映成趣。我忘不了那老頭子泫然欲泣的悽愴表情。我更忘不了那天總管夫人盛裝盈盈相迎階前，兩人相對無語，好一會兒，老博士含著眼淚強作微笑送上許多禮物，總管夫人依當地風俗褰裙為禮之後，即泣不可抑重返佛堂，傳出話來，連囑盡量招待這位不遠千里而來的丈夫生前好友，自己卻整日盡在小小佛殿內哭泣誦經。」

「洛克博士一、兩天都不大開口說話，只是終日繞室徘徊，尤其是好到島尾小阜上亭子間去獨自徘徊，因為這是他當日的書房……一天，他得了信，知道滇西的危機已過，就又啟程轉回麗江去了。」

洛克走後，李霖燦發現他在那小亭子間左壁上留下一段英文文字。李先生將其翻譯了，也記在文中。洛克寫道：「若說這是我最後一次來看瀘沽湖，我說這話時心中實在是十分難過，然而一個人年紀如此，不這麼說又怎麼說呢？……瀘沽湖依然是美麗動人，但由於沒有了我的老朋友阿云山，我是在這裡住也住不下去了，我只能心有餘恨地在這裡向瀘沽湖山告別。」

在我所見過的洛克留下的照片中，身材高大、神態沉穩的阿云山似乎也是他拍攝最多的一個人物。

在洛克的經歷中，除阿云山外，他與木里王子，以及更北到甘肅地界的卓尼土司，都有超乎一般的深厚關係。如果不是如此，只是靠幾個僱來的納西勇士護衛，他能長居各族豪強各自割據稱雄一方，兼有兵匪不時為亂動盪不已的中國邊疆，並能在植物學、地理人文考察和納西文化研究方面均取得巨大成就，似乎就是一件不可思議的奇蹟了。

# 藏族人在麗江

在麗江，納西族朋友知道了我的藏族族別，便常從他們口中聽到一句話：藏族是大哥，白族是二哥。有時，這句話還有另一種表達：漢族是大哥，藏族是二哥。我不是那種聽了這樣的話民族自尊心就得到放大的人，但我還是充分感受到今天人們美好的情意。

從人口數上講，納西是一個小民族。總人口三十餘萬。

歷史上，納西族就在今天麗江所在的金沙江中流地帶扎下根來，繁衍生息，卻又在吐蕃、南詔和唐王朝幾大勢力相互爭戰角逐的縫隙間艱難周旋。那時，青藏高原上吐蕃國崛起，除了在甘肅、四川一線與唐王朝時戰時和、長期對峙，也從青藏高原東南順勢而下，圖謀雲南。兵鋒所指，進入納西人生息的地域。西元六八〇年，吐蕃在所征服的納西[2]設神川都督府。史載，今麗江古城北邊金沙江上有鐵橋一座，為吐蕃人所建，並設有專門的職官鐵橋節度，鎮守這個東向雲南的交通要點。那時，麼些人地域的鹽池之利，是吐蕃占領這一地區的最重要原因。藏族史詩《格薩爾》，以描述格薩爾開國的四大戰役最為著名。其中一戰，叫姜嶺大戰，起因與目的，就是爭奪鹽池之利。姜是納西人的王國；嶺，則是金沙江和黃河上游的藏族王國。如今，學術界的觀點，一般認為這場戰爭即是曲折反映當年吐蕃對金沙江中游的戰爭。百多年後的西元七九四年，早前與吐蕃結盟拒唐的南詔王異牟尋背叛吐蕃，聯合唐朝駐四川的劍南節度使韋皋夾攻吐蕃，攻破吐蕃在鐵橋以東的十數個城壘，吐蕃軍隊敗退，今麗江大部地區變為南詔的勢力範圍。異牟尋斷鐵橋，以絕吐蕃東進之要道。而此時的吐蕃已因外來佛教與本土宗教苯教之爭和王室權力鬥爭而日漸衰落，再也無力東顧了。西元八四二年，吐蕃支持苯教的國王朗達瑪被一個佛教徒刺殺，吐蕃王朝崩潰。這段歷史，在漢藏史籍中都有明確記載。

而有宋一代，這一地區的歷史卻少見於文獻記載。

宋太宗舉玉斧在地圖上順著大渡河一畫，便把中國西南部畫出了中國之外，所以，文化發達的宋代漢文典籍在歷朝歷代中關於中國西南部地區的記載最少。而吐蕃崩潰後，青藏高原上的藏族人也進入了最黑暗的歷史階段，自己的疆域早已分崩離析自顧不

2 作者註：古籍中寫為「麼些」。

暇，更遑論去張望寬廣的外部世界了。其典籍中當然也少了關於外部世界的文字。也許正是在這樣一段歷史的真空中，納西人在這片土地上獲得了休養生息的寶貴時機。

元代，西元一二五三年，忽必烈沿橫斷山區南下，在麗江境內的金沙江上「革囊渡江」，征服大理國。當時統轄麗江一帶的納西人頭領麥良審時度勢，率人往金沙江渡中迎接忽必烈，因此被封為元朝的「管民官」。

到明代，他們重新出現在世界面前時，已經是另外一番模樣了。世代統治納西地區的麥良之後，搖身一變成為明朝冊封的土司，並由洪武皇帝賜姓為木。這便是明清兩朝統轄麗江數百年的木氏土司家族。我在麗江時，CCTV正在黃金時段播出，依據木氏土司家族史敷衍出的長篇電視劇集。麗江古城中的木氏土司府也重新修築完畢，成為一個熱鬧的旅遊景點。

有明一代，木氏土司傾心向化，主動學習吸納漢文化，在雲南土司中，以木氏家族接受漢文化最早。史籍載稱：「雲南諸土司，知詩書，好禮守義，以麗江木氏為首。」幾代土司「以文藻自振，聲馳士林」，其中尤以木泰、木公、木高、木青、木增和木靖土司詩文成就最高，被後人尊稱為木氏六公。

其中，土司木增與中國文人中少有的旅行家徐霞客的交往，就是一段富有文化意味的佳話。

西元一六三六年，五十一歲的徐霞客從江蘇江陰出發，開始他一生中最後一次旅行。這也是他歷時最長、路程最遠的一次旅行。三年後的崇禎十二年正月，徐霞客到達麗江，受到了土司木增的盛情接待。有了木氏土司的支持，徐霞客得以完成他的遊記中與麗江相關的篇目〈麗江紀略〉、〈法王緣起〉和〈溯江紀源〉等篇目。其〈溯江紀源〉一文，第一次明確金沙江為長江上源，匡正了過去認為「岷山導江」，以岷江為長江正源的謬誤。南中國人享受長江水利幾千年，這才有人發現這個非常容易發現的錯謬。直到今天，我們一方面要指責洛克們的殖民主義行徑，一方面，卻又要從學術領域到今天的旅遊開發方面，援引他們的「發現」、他們的成果。

其實，從嚴格的意義上說，徐霞客的文字也算不上專業性的地理考察，其關注地理山川，尤其人文方面往往概而論之，枝蔓粗疏。以〈法王緣起〉說藏傳佛教噶瑪巴一派為例，也多屬道聽途說而已。即便如此，這在中國傳統文人中，已屬於鳳毛麟角，以至於今天的我們也無從求全責備了。

徐霞客居停麗江期間，還為土司木增修訂編校漢文書稿、指導木增之子的漢文寫作。

而我更關心的，其實是這個時候的納西族與曾經統治過這一地區的藏族人，是一個什麼樣的關係。換句話說，吐蕃王朝崩潰後，藏文化在麗江還有遺存嗎？如果在這一地區還有著藏文化的存在，又是以什麼樣的方式存在的？在哪些方面產生著影響？

我發現，有明一代，藏族宗教文化在麗江地區有著廣泛的存在。

明代的木氏土司，因為其傾心向化，更因為明朝中央將麗江一帶視為固之「可以籌雲南」的重要邊塞要地，而對納西族的木氏勢力大力扶持，以木氏家族的穩固統治做為穩固西南邊疆的重要依憑。明代人的著作中說：「西北吐蕃，以麗江、永寧為扼塞。」這一地理要點，被視為雲南「三要」之一。「視此三要，足以籌雲南矣。」此時的藏族地區，卻陷於教派首領與地方土酋各自割據爭雄的分裂狀態，得到明朝中央強力支持的木氏家族，並不以固守麗江為滿足，乘此良機向西北部的藏族地區大舉擴張。「明初，裂吐蕃二十三支，分屬沿邊郡邑，以土官轄之，麗江控制古宗[3]。」木氏家族因勢利導，將今天雲南中甸，四川巴塘、理塘，西藏芒康、鹽井一帶藏區，都納入其統治之下。木氏家族不僅派兵鎮守，派土官轄制，還向這些地區大規模移民。今天的中甸、鹽井和巴塘等地，還有當年移民部落的後裔與當地藏民共同生存。

這樣的擴張，自然與這些地方藏族部落的地方豪酋產生難以調和的激烈衝突。史載木氏家族在相鄰藏區用兵達三十多次。在此情形下，在藏區崛起的藏傳佛教的噶瑪噶舉一派，被木氏家族視為統治藏區與籠絡藏族上層勢力的手段，而有意引入了麗江地區。不僅在藏區統治盡量爭取這一教派的支持，還邀請該教派歷代活佛到麗江傳法，興建寺廟。

這種策略也是與明朝在藏區「多封眾建」藏傳佛教各教派首領為三大法王，以抑制世俗政治勢力的政策相因應。明朝冊封為「大寶法王」一系的噶瑪噶舉派，在前藏地區和與麗江相鄰的康巴地區有最大的影響。所以，木氏家族歷代土司特別重視與該教派發展關係。明正德十一年——西元一五一六年後，木氏土司邀請到該派黑帽系八世活佛米覺多傑到麗江弘法。

徐霞客在其遊記〈法王緣起〉一節中，就寫道：「麗江北至必烈界，幾兩月程。又兩月，西北至大寶法王。」

「法王曾至麗江。」

米覺多傑到麗江事，也見於藏文典籍，只是文字更注意記載法王受到的歡迎場面與得到的財物供養。文中說法王到達麗江，盛大的歡迎儀式後，「法王被請上轎子……一

---

3 作者註：彼時對今中甸一帶藏人的稱呼。

同前往木天王王宮大殿……一同步入宮殿上的金寶座，隨僧或坐次座、或坐下座。座前均設飾以金花紋精雕細畫的方桌。繼而，向法王敬茶，恭獻珠寶、綢緞等一百件禮物。之後，敬獻各種食物飯菜，舉行盛宴。其後，姜結布[4]從庫房取出神珠等『輪王七寶』、王妃所用諸飾品一同獻上，甚為悃誠，且派人送禮至法王下榻地。次日，復請法王入宮殿款洽如意。姜結布並答應：『自此十三年不發兵西藏，每年選五百童子入藏為僧，且度地建一百寺院云云。』在此以前，姜結布並不信仰佛教，然而從此以後，姜結布對佛教尤其對噶瑪教派堅信不疑。」

一百多年後，支持新興格魯教派的蒙古人派兵攻入康區和西藏。在西藏失勢的噶瑪噶舉派第十世黑帽系活佛卻英多傑到麗江避難。

可見，吐蕃以後的時代，西藏對世界的影響就局限於宗教方面了。而且，這種宗教影響，一方面的確產生於佛教教義的力量，與此同時，宗教做為一種政治勢力被利用，也是藏傳佛教產生影響的一種現實原因。這一點，不唯在麗江地區如此，早前，蒙古王室對薩迦派的倚重與後來清王室對格魯教派的扶持，首先都是出於政治格局上的考量。清代皇帝中，乾隆皇帝對藏傳佛教信仰頗深，身邊便有封為國師的藏人章嘉活佛。但他親筆撰寫的〈喇嘛說〉一文，即把這種政治考量說得十分清楚直白，「若我朝之興黃教則大不然，蓋以蒙古奉佛，最信喇嘛，不可不保護之，以為懷柔之道也。」

麗江木氏土司家族，固然也崇佛至深，但如果沒有穩固其新征服藏區統治的打算，要如此倚重厚待噶瑪噶舉教派，恐怕也是不太可能的。洛克就曾經指出：對麗江的納西人來說，「宗教活動是一種外在的表面的行為，而不是內在的信仰。他們的婚儀，以前是土著祭司司禮，今天則多半採用道家的儀式。而舉行葬禮時，一般請噶瑪巴喇嘛和漢傳佛教和尚主持。」

但有了如此機緣際會，噶瑪噶舉一派在藏區以外的麗江產生相當影響，也成為一種歷史事實。

民國年間，約瑟夫·洛克還對麗江境內的藏傳佛教寺廟存留的情形進行過詳盡考察。在他的《中國西南古納西王國》一書中，有專門章節加以記述。當年木氏土司在西來的法王面前，要建百座寺廟的發願是否真的完成已不可考。但到洛克生活在麗江的時代，他還記錄下來麗江存有五座噶瑪噶舉派寺廟的事實。

這五座寺廟是解脫林、指雲寺、文峰寺、普濟寺和玉峰寺，以及幾座小廟。

4 作者註：藏語中對木氏土司稱號。

洛克說解脫林是避難麗江的活佛卻英多傑所建。建廟的地址是木氏家族以前的刑場。

他記玉峰寺有這樣的文字，「玉峰寺所在的麗江雪山東斜坡，由華山松古老的森林簇擁著，風景優美，寺門前高大的松樹圍繞著一個美麗的小池塘。寺的進口處已非常頹敗，整個建築和座位上堆聚著幾英寸厚的塵埃，證明這些寺裡的人並未按教規的要求，坐在座位上祈禱誦經。在主要的廟宇的樓上，天花板和地板破敗腐朽，如去參觀，十分危險。」

那天，我從雪蒿村下山，當地一些納西族的文化人請我在束河古鎮吃飯。其間我打聽洛克記錄過的這幾座寺廟的情形，他們告訴我，至少指雲寺還可前往一觀。一位先生，是剛卸任的一座納西文化博物館的館長。他告訴我，他小時候，就是在指雲寺大殿改建的教室中接受的中學教育。也正是因為廟宇改建為學校，這座古老的建築才經歷「文革」劫火而得以保全。

隔天，我去指雲寺，建築風格藏漢合璧的指雲寺建築，隱在一片蒼老的柏樹林中間。大殿前的院中，還植有幾百上千年樹齡的梅樹。梅樹花期已過，健旺的枝頭上掛著青色的梅子。殿前廊下，十幾個年輕僧人，正在整理專用於寺院的銅質建築構件。問這些年輕僧人的來處，沒有當地人，他們都來自鄰近麗江的康巴藏區。寺院的活佛也與他們來自同一個地方。而洛克的文字中，還有遺存的寺廟是由本地的納西人擔任主持活佛。

繞到大殿後面，是高大圍牆。央人開了後院門，眼前一小塊平曠之地，生長著一些頗有年歲的梨樹。梨樹林後，是一面陡起的山坡。山坡頂上，一座完全藏式的寺院建築的主體已聳立在藍天之下。上面傳來清晰的斧鑿之聲。想見見寺院活佛，說出門去了，不在寺內。一年後，在北京的一個場合，見到了這座寺院的主持仲巴活佛。他沒有穿袈裟，顯得特別精明幹練。人多，話題也多，未能深談。

談到宗教上的影響，麗江的朋友說，以納西人的象形文字為依託的東巴教，無論是教義，還是儀軌方面，也都有著藏族本土宗教的遺存與餘響。而且，這種影響是早在吐蕃東擴的時代留下的。但這門學問太過專門，我只得知難而退了。好在，楊福泉先生所著《納西族與藏族歷史關係研究》中有所論述。

而我所關心或者希望發現的，那些邈遠時代世俗社會裡的眾生相、民間社會成員間的日常關係，在漢藏文史籍中都不可得見。

# 顧彼得和他筆下的藏族人

我終於在一本叫《被遺忘的王國》的書中，見到了對那些頻繁出現在麗江的世俗社會中的藏族的詳盡描述。

比如以麗江為重要物資集散地的滇藏間茶馬古道上，西藏馬幫的記述。

「前頭有一陣雜亂的響聲——鈴子的叮噹聲、鐵器的鏗鏘聲、喊叫聲和牲口踩踏聲。那是從城裡出來的一隊藏族馬幫。不久，馬幫的主人騎著肩寬體壯、粗毛蓬鬆的矮種馬來了。他們是兩個藏族紳士，穿著華麗的紅色絲綢襯衫和厚實的上衣，腰間繫著彩帶，頭戴繡金寬邊帽。

「『你們上哪兒去？』我用藏語向他們問候。

「『去拉薩。』他們咧嘴說。然後其中一個用漂亮的英語說：『先生，請抽支香菸。』並且遞給我一盒菲力浦·莫利斯牌香菸。

「他們慢慢前進，不一會兒馬幫跟上來了。我們拉馬到路邊以便馬幫通過。藏族馬幫不像下關到麗江的白族馬幫，他們優閒地行進，沒有猛烈衝撞的危險。騾馬進入西藏不馱一百四十磅至一百八十磅重的馱子，而只馱八十磅到一百磅；他們不像白族馬幫一樣釘馬掌，以防馬在石頭路上打滑。藏族馬幫一天能走的路程是很短的，二十英里為限。牲口得到很好的照料，總是顯得膘肥體壯，養得很好。從麗江經過拉薩到印度卡里姆邦三個月的跋涉，如果要牲口存活下來的話，馱子輕、路程短和飼料充足是必要的。途中沒有大道，只有一條要攀登的彎彎曲曲的山路，通過陰暗多石的峽谷，沿著陡峭的大山忽上忽下，涉過咆哮的冰川溪流……

「我們遇到的馬幫和任何其他典型的藏族馬幫一樣。頭騾戴著面罩，上面用綠寶石、珊瑚、紫水晶石和小鏡子做奢華的裝飾，耳邊有紅色絲帶。頭騾上有一面三角黃色旗，做綠色鋸齒狀鑲邊，暗含的藏語意思為『麗江—卡里姆邦運輸線』。每二十四匹騾馬為一組，由一個步行的藏人看管。這藏人扛著槍，帶著一隻脖子上套著紅色毛織花環的大藏狗。」

無獨有偶，這樣的馬幫，愛德格．斯諾也在昆明到大理的馬幫路上遇到過。他的記敘突出了藏族馬幫的強悍的一面：

「距離村落不遠，我們遇見四十來個西藏人，身材高大，裹著羊皮，穿著手工紡織的黃麻長上衣。他們趕著大約六十頭騾子，全都馱著很重的馱子，牲口疲憊不堪，身上沾著泥塊。他們人人都帶著武器，有的扛著老式的毛瑟槍，有的挎著長劍，插在加工粗糙、嵌有銀絲裝飾的劍鞘裡。他們氣概威武、肩膀寬闊，走起路來步子很大，表現出山裡人從容不迫的氣度。

「我們的人有一個停下來去問路，回來時帶回來很有趣的故事。這些西藏人全部都是從拉薩來的，帶著禮品送給龍雲。他們經過巴塘，沿著雲南西部崇山峻嶺中的荒涼道路，來到雲南府周圍的平壩，大約花了六十天時間。他們沿途並沒有受到匪徒的襲擊。昨天，距離省城昆明只有五十英里了……他們卻遭到了五、六十個漢人匪幫的襲擊，當他們正要進關的時候，那些人衝了下來。

「英勇的西藏人沒有逃跑。他們十分憤怒。雖然匪徒人多，但他們據關固守，保護著騾馬，以西藏射手的準確性回擊。襲擊者沒有料到會遭遇這樣的抵抗，驚慌失措，陷於混亂，大約一半人被打散後四處逃逸。西藏人並不滿足於此，他們發起反攻，把土匪逐回山裡，共擊斃一人、傷俘四人。他們把俘虜押送進村，交給當地駐軍長官……就是這一個軍官來到圍牆外迎接我們，護送我們進入老鴉關。他說如果西藏人把這件事報告給省主席，他肯定要被撤換。」

這也是民國，這也是讓今天一些人心醉神迷的「黃金時代」的民國、有「民國範」的民國。

但這不是我的興趣所在。讓我興奮的是終於在一些文字中看到了普通的世俗的藏族人形象。直到今天，在中國人大部分關於西藏或者藏族人的書寫中，總是那些自己就是神的教派領袖與高僧。普通人消失不見，日常的世俗生活消失不見。倒是這些外國人，不受漢藏雙方都熱中的權力書寫，而注意到了日常生活中，那些更普遍的世俗生活的存在。中國人出於旅遊開發的需要，熱炒茶馬古道這個題材已經十多二十年了，但這樣詳盡描述茶馬古道上流動生活的真實文字，至今不可得見。

所以，今天我們才要感謝斯諾留下這樣珍貴的文字，要感謝留下了《被遺忘的王國》一書的作者顧彼得。

顧是俄國人，一九〇一年生，十月革命後隨母親流亡到上海。青年時代，在上海為謀生從事過多種工作。抗日戰爭爆發後的一九三九年，他受僱於國際援華組織「中國工業合作社」，先後到四川西部的康定和雲南昆明、騰沖等地工作。一九三九年至一九四〇年間，他遊歷了四川康巴藏區和涼山彝族區，在涼山彝區認識了帶有傳奇色彩的彝族土司嶺光電。根據這段經歷，他寫下了《彝族首領》一書。一九四一年他來到麗江，從事「中國工業合作社」在麗江的組織工作，直到一九四九年。他曾記述說，他之所以去麗江，是因為在同一組織中工作的同事中，「沒有一個漢族願意到麗江去擔任此職。」因為在那些同事眼中，「可以說那個地方在中國之外，是『邊遠蒙昧之地』。」而他則把在麗江的九年視為他生命中最美好的時光，正是這段經歷促使他寫了《被遺忘的王國》，而這本書也是今天了解麗江最著名的作品之一。在麗江，隨便一個小書攤上都有這本書的存在，約瑟夫．洛克的書也許是太學術了，反倒難得一見——雖然幾乎所有到麗江的人都會念叨洛克，洛克。彷彿這是一個咒語，只要念動幾聲，任何一個膚淺的旅遊者，就真正進入了麗江。

如果說洛克這樣的人歸根到柢還是懷著強烈的殖民心態，那麼顧彼得完全是懷著幫助中國人的心情來到麗江的。

這是題外話，還是來看顧彼得的書。這個人在當地的煉鐵、紡織等傳統手工業領域，推廣工業合作社這種現代生產組織方式，說明當地人提高生產組織水準。同時，他深入到當地人的民間生活中，留下了豐富細緻的社會生活紀錄。

他充分注意到在這個古城裡頻繁出現的藏族人的身影，並在書中有一個專章記述

〈麗江及其周圍地區藏族〉。

「麗江的藏族數量可觀。」

「他們總喜歡住在離公園不遠處、橫跨麗江河的雙石橋附近的房子裡。」

「麗江的藏族社會，人少名聲大。」

這些藏族人不是前述傳教者建立的多所寺廟裡的喇嘛。民國年間，出於信仰同時也出於統治藏區需要，而把藏傳佛教引入麗江的木氏家族，已經衰微，麗江納西人對藏傳佛教的信仰也相當淡泊了。洛克記述的這些寺廟都已衰敗不堪。這時，出現在麗江的藏族人主要是因為貿易而來。

那個時候，「所有的中國沿海都落入日本人之手，緬甸也正在迅速陷落」，中國獲得外國援助與商品的滇緬公路被切斷，從國家層面講，駝峰航線的開闢，目的就是從印度往昆明運送美國援華物資。而在民間貿易中，一條完全由馬幫承運的貿易通道，在喜馬拉雅山中興盛起來。

「藏族商人和其他小商販組成的大軍，從冰天雪地的西藏高原下來，進入加爾各答悶熱的商場和旅店。訂契約、立合同，能用犛牛和騾子運走的東西立即購買。縫紉機、棉布、高級香菸，不管是美國造的，還是英國造的，威士忌和名牌杜松子酒、染料、化工品、罐裝煤油、梳妝用品和罐頭，以及成千上萬各種小商品，開始匯成一條源源不斷的河流，用火車和汽車運到卡里姆邦，迅速包裝分發，用馬幫運到拉薩。」

「在那裡，這股商品流湧進宮殿和喇嘛寺的院子和廳堂，轉交給一大群分類工和職業包裝工。最不易碎的貨物挑出來放到一邊，由北路用犛牛運到打箭爐，其他貨物打包後運到麗江，特別是到昆明，那裡擠滿了乾渴的美軍和英軍。為了讓商貨越過世界上最高的大山，禁受風雨和烈日，在山石路上拖拉三個月而能存留下來，商貨必須包裝精巧而仔細。」

「據估計，戰爭期間所有進入中國的路線被阻時，馬幫運輸曾使用八千匹騾馬和兩萬頭犛牛。幾乎每天都有長途馬幫到達麗江……這些來往於印度與中國之間的馬幫運輸，規模宏大史無前例。」是的，今天中國知識界突然流行起一種風氣，熱中於傳說民國年間知識分子的「民國範」，說他們那時短暫的思想與表達自由，以及他們以天下為己任的天下情懷。但沒有注意民國知識分子視野的局限，那是中國許多大知識分子雲聚於昆明的西南聯大等機構的年代。但那些知識分子，有多少人意識到過城外的雲南大地，分布著眾多非漢族族群的地帶是否也是中國？有多少人對這些地方與族群有過道德的學術的關懷？別的學科姑且不論，那時這些人中也有經濟學人吧，為什麼對這樣突然興旺起來的民間國際貿易情形視而不見？而這樣轟轟烈烈的情景，只是在一個外國人筆下才得以被記錄，啟動我們對於那個時代更全面的記憶。不得不說，今天中國學界的主流，大部分時候，依然自說自話著儒家的天下，而對中國是多民族國家的真正現實視而不見。無論左派，還是右派，對邊疆地帶仍然缺少關懷、缺少體察。

而那些從事商貿的藏族人就這樣來到麗江。

「身居高地的拉薩藏人，不顧路程的遙遠，還是喜歡來麗江做生意或度假。藏人都善於旅行，而馬幫旅行在那個遼闊的地區只要組織得好，是相當快樂的。」這是今天的國人普遍缺乏的一種能力或精神，即工作，而且能在工作中享受到快樂。

商人之外，還有逃避藏地不利處境而在麗江的藏族上層人士。

「有一家從拉薩來出身高貴的藏人在麗江定居。這家人有兩個男子、一個女子生個小孩，另外有一隊隨從。他們溫文爾雅，待人相當講究禮節、處事周到。其中一位先生稍為矮胖、蓄著髫鬚。他通常穿著一件紫紅色短袖束腰上衣，用一根彩帶繫在腰間。還有一件黃色的絲綢襯衫，這暗示了與一個宗教組織的聯繫。他的夥伴也是個矮個子。他的頭髮剪得很短，也留一撮髫鬚，稍帶苦相卻非常聰明。他公開地身穿喇嘛服裝，但不是普通喇嘛長袍。那個女子高大、白皙，很漂亮。她打扮成出身名門的拉薩女子，穿著傳統的彩色絲綢條紋圍裙。小孩大約有五歲，是我見過最好看的藏族男孩。」

原來這兩個男人，一個是這個貴族的管家，一個是這個貴族的法師。這個貴族在西藏的權力鬥爭中失勢而被投入監獄，並死在監獄。貴族的管家和法師卻帶著金銀財寶一路逃到麗江，這個靠近西藏、而又在西藏地方政府勢力範圍之外的地方。「他們定居下來，需要時賣點他們的金子和貨物。」

「對於納西人和其他藏人來說，一個名門藏族家庭出現在他們當中，是非常討人歡喜的。管家和喇嘛經常應邀赴宴。為報答人家的熱情，有一天這兩位先生安排了一場宮廷宴會。」

「藏族飯菜沒有什麼烹飪法而言，由於他們宗教強加的限制，純粹的藏族食品是極為單調的。」

「正像英國富人靠僱用法國廚師解決烹飪問題一樣，藏族社會靠僱用漢族廚師解決問題。」

不過這一次宴席的廚師是一位姓和的納西族大媽。顧彼得還詳細記述了那次宴會上豐富的菜肴，「但凡是麗江能準備的每一道珍貴而高雅的菜都有了。有清燉雞、油炸雞和烤雞，鴨、豬、魚也做同樣的烹飪。」「訂了多種烈性酒，用金壺銀壺大量斟來。」

這樣的文字把藏族人還原成跟這個世界上所有的人一樣的人，一樣可以以日常性的生活化姿態跟外部世界溝通的人。

顧彼得還記述了一個來自拉薩的藏族青年，「那是一九四六年底，當時戰爭已成為過去。一個文質彬彬的藏族青年來到麗江。他做豪華的旅行，從加爾各答乘飛機到昆明，從昆明坐私人小汽車到下關。他住在我一個朋友家裡，我這位朋友半納西族半藏族血統。我被及時地介紹給這位有文化的藏人，他身著西裝，英語講得很漂亮，名叫尼瑪。」尼瑪是某個西藏地方政府官員的祕書，來麗江辦事，卻和房東家漂亮的女兒發生戀愛。結婚後，這位年輕人帶著新婚的納西族妻子回到拉薩。

這時，日本人已經投降，中國沿海口岸重新開放，以麗江為重要節點，繁盛一時的馬幫貿易通道重新歸於沉寂。西藏以貿易打開的門戶已悄然掩上了。

而經常出現在麗江古城街頭的是，金沙江兩岸的康巴藏人。

他們當中有強盜、有合法的生意人。他們來自不同的地方，有東旺人，有巴塘人，有鄉城人，有木里人。「康巴人從來都使其他藏人敬畏和羨慕。男子通常是身材魁梧而貌英俊，女子長得美麗、膚色白皙。」

顧彼得書中還有更多關於與這些康巴人交往的故事，限於篇幅不再摘抄。他不厭其煩所作的這些紀錄，可以說明我們打破把藏文化、藏族看成一個固化整體的迷思。他鄭重寫下這樣的文字，「外界對藏人的理解通常是：同一祖宗相傳的人口，口語和宗教信仰相同，都一致效忠於達賴喇嘛和他的政府。其實不然。西藏分化為許多家族和部落、小王國和領地。」他舉了距麗江很近的木里小王國。藏化的「木里王是個蒙古人，他的始祖是忽必烈大軍中的一名將軍」。而今天，許多人還在對藏區做著顧彼得反對的那種虛假的整體性描述，一些人（包括學者）自然是滿足於膚淺的一知半解，而另一些人在今天的國際政治背景下，所作所為卻是在建構一種並不存在的藏文化整體性，其目的不言而喻，那就是煽動民族主義，以其做為「藏獨」的理論依據。

今天，走在麗江街頭，除了偶爾見到一、兩個身穿袈裟的僧人，顧彼得所描述的那些穿行於街市個個不同的藏族人已消失不見。也許他們還如我一樣，依然出入在麗江街頭，但時代已使我們和所有人一樣穿上了相同的裝束，使用著能與更廣大的人群相互溝通的語言，而融會進今天的社會。穿著同樣裝束的人群在麗江古城中湧動，潮流一般在那些曲折的街巷中迴旋。我也希望一些漢族朋友不要自以為是地，把這樣的情景叫做漢化。在麗江，也遇到對我說這樣荒唐話的人，他腳上穿著耐克鞋、身上穿著奧索卡的衝鋒衣，這樣的裝束與我幾乎一模一樣，他手裡也跟我一樣提著日本產相機、背包裡背著一部筆記型電腦。這個朋友辯解說，你不是正在使用漢語嗎？我提醒他，更重要的是，我們使用這種語言中所包含的認知方式與價值觀。其時，我們正坐在街邊的某個酒吧裡，我得說，這個情景不是漢化，而是西化或全球化，而不是某種虛無的中國內部一種文化對於另一種文化的勝利。事實是，每一個人都在是某國某族人的前提下，同時也正在變為一個世界人。

我遇到這位朋友的時候，正坐在一個咖啡座裡，在蘋果電腦上讀一本新下載的書，叫做《歷史之終結與最後一人》。作者是著名的日裔美國人法蘭西斯・福山。我們也許不同意他冷戰結束後，人類文明在社會制度上除了西方民主再無新選項的說法。但全世界的人與社會發展模式，幾經優選，確實越來越少選項，而某種文化以多樣性的理由而自外於世界潮流、而單獨存在的可能性越來越小，也是一個不爭的事實。

當年，因抗日戰爭而來短暫而繁盛的馬幫已成過往，顧彼得筆下更世俗化、更生動的那些藏族人的群像，還是不時閃現在我眼前。今天馬幫來往的茶馬古道已湮沒於茂林荒草之間。滇藏公路上有一群群年輕的騎遊者進入金沙江峽谷，他們中有中國人，也有外國人，他們的目標是拉薩。頭頂上，飛機在藍空下閃爍著光芒。

麗江又一次成為外部世界前往拉薩的一個新起點。

MS1072

# 山南記

作　　　者❖阿　來
封 面 設 計❖井十二
內 頁 排 版❖張彩梅
總　編　輯❖郭寶秀
責 任 編 輯❖林俶萍

事業群總經理❖謝至平
發　行　人❖何飛鵬
出　　　版❖馬可孛羅文化
11563台北市南港區昆陽街16號4樓
電話：(886) 2-25000888
發　　　行❖英屬蓋曼群島商家庭傳媒股份有限公司城邦分公司
11563台北市南港區昆陽街16號8樓
客服服務專線：(886)2-25007718；25007719
24小時傳真專線：(886)2-25001990；25001991
服務時間：週一至週五9:00～12:00；13:00～17:00
劃撥帳號：19863813 戶名：書虫股份有限公司
讀者服務信箱：service@readingclub.com.tw
香港發行所❖城邦（香港）出版集團有限公司
香港九龍九龍城土瓜灣道86號順聯工業大廈6樓A室
電話：(852) 25086231　傳真：(852) 25789337
E-mail：hkcite@biznetvigator.com
馬新發行所❖城邦（馬新）出版集團 Cite (M) Sdn Bhd
41, Jalan Radin Anum, Bandar Baru Sri Petaling,
57000 Kuala Lumpur, Malaysia
電話：(603) 90563833　傳真：(603) 90576622
E-mail：services@cite.my
輸 出 印 刷❖前進彩藝有限公司
初 版 一 刷❖2024年05月
定　　　價❖400元（紙書）
定　　　價❖280元（電子書）

ISBN：978-626-7356-73-9（平裝）
EISBN：9786267356715（EPUB）


國家圖書館出版品預行編目（CIP）資料

山南記／阿來著. -- 初版. -- 臺北市：馬可孛羅文化出版：英屬蓋曼群島商家庭傳媒股份有限公司城邦分公司發行, 2024.05
　面；　公分
ISBN 978-626-7356-73-9（平裝）

1. CST: 遊記　2. CST: 旅遊文學　3. CST: 中國

690　　113005068